JN217791

スクールカウンセリングと発達支援 ［改訂版］

宮川充司・津村俊充・中西由里・大野木裕明 編
Miyakawa Juji, Tsumura Toshimitsu, Nakanishi Yuri & Ohnogi Hiroaki

ナカニシヤ出版

はじめに

　この本は，教師，あるいは学校心理士・臨床心理士・臨床発達心理士といったスクールカウンセラー関係の心理資格を目指して学んでいる学生のために書かれた本ですが，もちろん，現職の方にも関連分野の新しい知識が提供できれば幸いです。今日，スクールカウンセリングや教育相談関係の出版物はたくさん出ておりますが，従来の関係出版物の多くはスクールカウンセリングの概念やスクールカウンセリングを行なう方法や実践的なカウンセリング・スキルを解説したある程度領域が限定された内容が中心だったと思います。以前は一般の教師やスクールカウンセラーにとって，学校不適応や非行，一部の深刻な精神疾患等についてある程度の知識と体験があれば日常業務にそう支障がなかったかと思います。ところが，スクールカウンセリングや教師の仕事において，近年対象となる子どもたちの幅がずっと広がり，以前にもまして幅広い高度な医学や臨床心理学等の専門的知識・判断が求められるようになってきています。

　たとえば，「発達障害」ですが，ここ数年の間に発達障害の概念自体が大きく転換してきていることもあるのですが，今日発達障害についての基本的な理解は，教師はもちろん関連領域のヒューマンワーカーにとって，不可欠な知識となってきました。また本来子どもたちの悩みや学校不適応といった問題への相談・対応が中心であったスクールカウンセラー，あるいは大学の学生相談室のカウンセラーも，発達障害の疑いあるいは診断の確定したケースとかかわることが珍しいことではなくなってきました。

　何よりも，「発達障害」という概念が近年大きく変わってきました。発達障害といいますと，学術的には古くから知られている知的障害（精神発達遅滞）やコミュニケーション障害（言語障害）から，運動能力障害まで幅広い子どもの障害を含んでいます。一方，学習障害（LD）や注意欠陥／多動性障害（ADHD）など大脳の機能障害が推定されはしますが知的障害を伴わない一連

の障害を，「軽度発達障害」と呼んで区別してきました。ところが，平成16（2004）年12月に制定された「発達障害者支援法」から，発達障害の意味が「自閉症，アスペルガー症候群その他の広汎性発達障害，学習障害，注意欠陥多動性障害その他これに類する脳機能障害であってその症状が通常低年齢において発現するもの」に変わりました。さらに，平成19（2007）年3月に，文部科学省初等中等教育局特別支援教育課から出された「『発達障害』の用語の使用について」という通知文に含まれる，「軽度発達障害の表記が意味する範囲が必ずしも明確ではないので，行政的には今後軽度発達障害という用語を課としては使用せず，発達障害とのみ表記する」という通知により，急速に日本の研究者の間でも，「軽度発達障害」という用語が使用されなくなってきました。

その代わり，いつの間にかLD・ADHD・アスペルガー障害，あるいは高機能自閉症といった，少し前に「軽度発達障害」と呼んでいた一連の発達障害を「発達障害」と呼ぶようになってしまいました。発達障害や精神疾患については，さらに2013年にアメリカ精神医学会がDSM-5と呼ばれる新しい精神科の診断基準の改訂版を発表し，診断概念や診断基準が大きく変わりました。また，その翌年に，日本精神神経学会が用語監修をした日本語翻訳版のDSM-5が公刊され，使用する用語等など大きな改訂が迫られました。こうした学術研究領域の成果を，思い切って反映した改訂版を出すことにいたしました。

その他，初期の段階でも学校臨床や発達臨床で昨今問題となっていること，特別支援教育や臨床心理学の基礎知識など，思い切って現場の教師の方々にも理解していただくことの意味のあることなどをいろいろ盛り込みました。類書よりずっと幅の広い分野の最新の知見が凝集して盛り込まれたという自負心を編者としてはもっておりますが，このこともまた含めて読者のご批判を仰ぎたいと思います。

本書を出版するにあたり，貴重な原稿をお寄せいただいた各執筆者の方々，力量の乏しい編者に対しても辛抱強くご尽力をいただきました，ナカニシヤ出版の宍倉由高さんに深く感謝の意を表します。

2018年1月　　　編者

目　　次

はじめに　*i*

1 章　スクールカウンセリングの概念と背景 ……………………………1

1. スクールカウンセリングの概念　　1
2. スクールカウンセリングの歴史と現状　　2
3. スクールカウンセラーの資格と仕事　　8
4. 教師とカウンセリングマインド・カウンセリングスキル　　10

2 章　カウンセリングの基本的な知識と考え方：基礎知識と技法 … 13

1. カウンセリングの目的　　13
2. ロジャーズの理論　　14
3. カウンセリングの技法　　17
4. カウンセリングの過程　　19
5. 日常におけるカウンセリング的対応—カウンセリングマインド　　20

3 章　心理療法 ……………………………………………………23

1. 心理療法とは何か　　23
2. 心理療法における基本的な考え方　　25
3. さまざまな学派　　27
4. さまざまな治療技法　　29
5. おわりに　　32

コラム1　心理療法と薬物療法　　33

4 章　心理アセスメント ……………………………………………37

1. 心理アセスメントとは　　37

2. 診断の枠組みとしてのDSM　　39

　　　3. 神経発達症群の心理検査　　40

5 章　子どもの心身発達の障害とその対応 ………………………… 47

　　　1. 発達の障害の概念　　47

　　　2. 発達期に現れる主な障害　　49

　　　3. 発達の障害のある子どもへの対応の実際　　56

コラム2　くまのプーさんと仲間たちの発達上の問題　　61

6 章　神経発達症群と発達支援 ……………………………………… 63

　　　1. はじめに　　63

　　　2. 支援を受けることの難しさ　　64

　　　3. 子どもへの支援　　65

　　　4. 保護者への支援　　71

　　　5. おわりに　　72

コラム3　大人の神経発達症群　　74

7 章　青年期から成人前期までの精神病理 …………………………… 79

　　　1. 食行動障害および摂食障害群　　79

　　　2. 強迫症／強迫性障害　　82

　　　3. 素行症／素行障害　　84

　　　4. 抑うつ障害群および双極性障害　　86

　　　5. 統合失調症スペクトラム障害　　89

8 章　スクールカウンセリングの学校へのかかわりと方法 …… 93

　　　1. スクールカウンセラー　　93

　　　2. 教育相談のシステム　　96

　　　3. アメリカ合衆国におけるスクールカウンセラー　　99

　　　4. スクールカウンセリングのこれから　　102

9 章　児童虐待と家族病理 ……………………………………………… 107
1. 児童虐待の現状　107
2. 虐待家族の病理　109
3. 虐待家族の治療　112
4. 被虐待児のケア　115

10 章　不登校・高校中退・ひきこもり ………………………… 117
1. 子どもが学校を休むのは……　117
2. 不登校の現状　118
3. 不登校児のケアと予防　120
4. 保健室登校とフリースクール　123
5. 高校中退とひきこもり　125
6. 発達支援とは生涯発達を共に歩むこと　127

コラム4　神経発達症群をもつ子どもと家族　129

11 章　い じ め ……………………………………………………… 133
1. いじめの定義と現状　133
2. いじめへの対応　135
3. いじめの予防と人権教育　140

12 章　学校の人間関係を改善する ……………………………… 143
1. 人間関係はなぜ必要か　144
2. 人間関係を学ぶためには　148

コラム5　よりよい人間関係づくりで学校改革を！　156

13 章　非行少年とその更生 ……………………………………… 161
1. 司法・福祉制度，実態調査からみた非行少年　161
2. 精神医学・臨床心理学からみた非行少年　163
3. 非行少年の更生へ向けた援助　165
4. 非行少年の家族への対応　167

vi 目 次

    5. 学校教師への援助　169

14章　グローバリゼーションと発達支援 ……………………………… 173

    1. 学校の多文化化と支援の多様化　173

    2. 言語の発達支援　175

    3. アイデンティティの発達支援　178

    4. 対処行動の違いを認め合う支援　182

    5. 支援者としての保育者や教師の役割と課題　185

コラム6　異文化間カウンセリング　189

15章　特別支援教育の現在 …………………………………………… 193

    1. 特殊教育から特別支援教育へ　193

    2. 特別支援教育の仕組み　197

    3. 発達障害児の支援　200

コラム7　病気の子どもと院内学級における発達支援　205

事項索引　209

人名索引　212

スクールカウンセリングの概念と背景

1. スクールカウンセリングの概念

　本書で取り扱うスクールカウンセリング（school counseling）とは，学校カウンセリングとも訳されますが，同じ意味の用語であり，ともに学校教育に関連してあるいは学校で行なわれるカウンセリングのことを指し示しています。同じような内容を表わす用語として，教育相談（educational consultation）という言葉が使われていますが，実際には内容的に重複する部分が少なくないとしても，もともとは異なる内容を表わす概念でした。スクールカウンセリングは，文字どおり学校で心理カウンセリングの専門家によって行なわれるカウンセリングのことですが，教育相談は心理カウンセリングの専門家によるものというより，どちらかというと必ずしも心理カウンセリングの専門家とは限らない，教師によって学校教育に関連して行なわれる相談業務といった意味合いが強かったのです。教育相談と関連して，ガイダンス（guidance）という用語が使われますが，これは教師が生徒指導・進路指導等に関連して行なう児童生徒への指導・助言を指しており，小学校では生活指導といった用語が用いられることもあります。また，類似の用語に，コンサルテーション（consultation）という用語が使われています。コンサルテーションは，指導・助言に相当するもので，校長といった学校管理者が教師や学校職員に対して行なう指導・助言に使われる場合もあるのですが，スクールカウンセリングに関連して使われる場合は，スクールカウンセラー（school counselor）が児童生徒の問題に関し

2　第1章　スクールカウンセリングの概念と背景

て教師や保護者に対して行なう指導・助言を指しています。

　しかし，近年ではスクールカウンセリングあるいはカウンセリングマインドといったカウンセリングに関する知識や理解が，大学教育や教師の研修会，派遣スクールカウンセラーによる活動等を通して学校現場の間に浸透し始めてきたことと，そして何よりも学校心理士（school psychologist）に代表される専門的な心理職の資格を取得した教師層の幅が広がり始めたことにより，一方で実際上カウンセラーが行なうカウンセリングと，教師の行なう教育相談との間に明確な区別がつけにくくなってきている傾向もあるでしょう。

　スクールカウンセリングの基礎となっているカウンセリングは，言葉を媒介として行なわれる心理療法の一種です。あるいは，多様な心理療法の補助的手段として使われる心理面接のことを指して使われていることもあります。狭い意味でのカウンセリングは，本来は病院や心理クリニックあるいは心理相談室といった治療機関で行なうものでした。この本来のカウンセリングに関連して，心理療法については，本書の2章と3章にそれぞれ詳しく紹介しています。カウンセリングを行なうことができる人は心理療法（psychotherapy）に関しての専門的訓練を受けた心理セラピスト（psychotherapist），あるいはカウンセリングそのものについて専門的な訓練を受けたカウンセラー（counselor），あるいは精神科医（psychiatrist）といった専門家に限られます。心理セラピストの代表的な専門資格として，今日よく知られているものに臨床心理士（clinical psychologist）があります。

　こうしたカウンセリングの考え方からあえて厳密な定義をするとすれば，スクールカウンセリングも，カウンセリングあるいはスクールカウンセリングの専門的な訓練を受けた心理の専門家が，学校現場で行なうカウンセリングを指しているのです。これらの基礎概念の詳しい定義は，本書の7章でさらに詳しく取り扱われているのでさらに読み進んでいってほしいと思います。

2.　スクールカウンセリングの歴史と現状

　アメリカではナショナルエデュケーション法が1958年に制定され，これによりスクールカウンセラーにかかわる仕事が定着しました（塩見, 2001）。また

この時期には，スクールカウンセラーを養成する修士課程と，カウンセラーの教育を担当するカウンセリング心理学者養成のための博士課程のカリキュラムの体系が構築されました（渡辺, 2004）。

　日本にスクールカウンセリングが紹介された歴史は意外に古く，第2次世界大戦終了後の翌年，1946年に日本に派遣された第1次アメリカ教育使節団が日本の統治機関 GHQ のマッカーサーに対して行なった報告にさかのぼるといいます（澤田, 1984; 渡辺, 1997）。

　渡辺（1997）に掲載されている日本のスクールカウンセリング関係の年表によると（表1-1），1951年に神奈川県教育委員会が，13の中学校および高等学校に教師の専任カウンセラーを配置するという先駆的な試みをしています。1970年には文部省による中学校カウンセラー養成講座が開始され，1981年には東京都教育委員会によるスクールカウンセラー研修（初級・中級）が開始，翌年にはさらにそのスクールカウンセラー研修（上級）が開催されました。こうした都道府県教育委員会による現職教員を対象にしたスクールカウンセラー研修は，その輪が大きく広がっていくこととなり，カウンセリングマインドという言葉が学校現場に広がっていくきっかけを作っていきました。

　1985年に東京都で鹿川裕史君いじめ自殺事件が起こりました。マスコミで大きく報道されたため，当時の文部省の対策会議が外部カウンセラーの導入を緊急提案しましたが，翌年度の事業で予算措置がなされず不調に終わりました。

　本格的な外部スクールカウンセラー派遣事業は，その10年後の1995年の文部省による「スクールカウンセラー活用調査研究委託事業」の開始以降のことです。この事業の実現には，実に痛ましい事件が発端となっています。1993年山形県でいじめにより中学生男子が死亡した山形マット死事件が起きました。この日本の学校でスクールカウンセリングの普及のきっかけとなった直接の出来事は，1994年11月に愛知県で起こった，大河内清輝君いじめ自殺事件という日本の教育関係者に大きな衝撃を与えた事件です。遺族の強い決意によって，大河内君の遺書がマスコミを介して公開されました。この大変痛ましい事件が報道されたとき，折しも国会開催中で，直ちに国会で取り上げられることとなり，それが次年度から始まる文部省によるスクールカウンセラー活用調

4 第1章　スクールカウンセリングの概念と背景

表1-1　日本のスクールカウンセリングの歴史的経緯 （渡辺, 1997に加筆）

年　　号	できごと
1946（昭和21）年	第1次米国教育使節団が学生相談を紹介
1951（昭和26）年	神奈川県教育委員会が中学高校に教師の専任カウンセラー試験配置
1965（昭和40）年	文部省「生徒指導の手引き」作成
1966（昭和41）年	全国学校教育相談研究会第1回研究大会
1970（昭和45）年	文部省中学校カウンセラー養成講座開始
1971（昭和46）年	文部省生徒指導資料集第7集「中学校におけるカウンセリングの考え方」
1972（昭和47）年	文部省生徒指導資料集第8集「中学校におけるカウンセリングの考え方」
1975（昭和50）年	文部省「カウンセリング技術指導講座」開始（5ヵ年）
1981（昭和56）年	東京都教育委員会「スクールカウンセラー研修（初級・中級）」開始
1982（昭和57）年	東京都教育委員会「スクールカウンセラー研修（上級）」開始
1983（昭和58）年	東京都教育委員会「教育相談の手引」作成
1985（昭和60）年	鹿川裕史君いじめ自殺事件（東京都）
1988（昭和63）年	文部科学省対策会議「外部カウンセラーの導入」緊急提案 教育職員免許法施行規則の一部改正により「生徒指導，教育相談（及び進路指導）」必修化 日本臨床心理士資格認定協会による臨床心理士の認定開始
1990（平成　2）年	文部省学校不適応対策調査研究協力者会議中間報告
1992（平成　4）年	文部省学校不適応対策調査研究協力者会議最終報告「児童・生徒の『心の居場所』づくりを目指して」
1993（平成　5）年	いじめによるマット死事件（山形県）
1994（平成　6）年	大河内清輝君いじめ自殺事件 文部省いじめ対策緊急会議
1995（平成　7）年	文部省スクールカウンセラー活用調査研究委託事業開始 財団法人日本臨床心理士資格認定協会による「学校臨床心理士」認定 日本学校教育相談学会による「学会認定学校カウンセラー」認定開始
1997（平成　9）年	日本教育心理学会による「学校心理士」認定開始
1998（平成10）年	教育職員免許法及び同施行規則の改正により「生徒指導，教育相談及び進路指導に関する科目」の中に「教育相談（カウンセリングに関する基礎的な知識を含む。）の理論及び方法」の科目区分 「心の教室相談員」制度開始
2001（平成13）年	文部科学省スクールカウンセラー活用事業補助に移行
2011（平成23）年	大津中いじめ自殺事件
2013（平成25）年	名古屋中2いじめ自殺事件 いじめ防止対策推進法施行
2015（平成27）年	公認心理師法案成立 名古屋市中1いじめ自殺事件 中央教育審議会答申「チームとしての学校の在り方と今後の改善方策について」
2017（平成29）年	公認心理師法施行

査研究委託事業の予算措置として反映されることとなったのです。スクールカウンセラー派遣事業の契機となった大河内君の遺書を含むこの事件の記録は，豊田（1995）によって報告されていますが，いじめについては本書の11章でさらに詳しく扱われています。この事件とその後のスクールカウンセラー派遣事業の展開によって，ひところ痛ましい子どものいじめ自殺事件は沈静化したかのように思われていました。しかし，2006年に再び子どものいじめ自殺事件が表面化し，もっと直接的な自殺防止という観点から，子どもたち向けの「いのちの電話」といった電話による相談・カウンセリング体制の構築が大きな社会的課題となっているのです。

　このスクールカウンセラー活用調査研究委託事業は，事件の翌年1995年4月から開始されました。都道府県あるいは政令指定都市の教育委員会が，所定の資格要件を備えた心理臨床の専門家を週あたり8～20時間程度の非常勤の勤務形態で雇用し，主として公立中学校に派遣するというものでした。この制度が始まった時，スクールカウンセラーに正式に従事できる正式資格は，表1-2に示すように，日本臨床心理士資格認定協会による臨床心理士，精神科医，臨床心理ないし心理学系の領域を専攻とする学識経験者（大学教員）であり，スクールカウンセラーに準じた者として任用できるのは，実際に児童生徒の教育相談にかかわっていた実務経験者に限られていました。

　このスクールカウンセラーの派遣制度が始まった年，日本学校教育相談学会

表1-2　教育委員会の募集するスクールカウンセラーの資格要件と業務

スクールカウンセラーの資格要件
スクールカウンセラー
（1）財団法人日本臨床心理士資格認定協会の認定に係る臨床心理士
（2）精神科医
（3）心理学系の大学教授，助教授（現在は准教授），講師（常勤）
スクールカウンセラーに準ずるもの
（4）心理臨床業務または児童生徒を対象とした相談業務について所定の経験を有する者
スクールカウンセラーの業務
（1）児童生徒に対するカウンセリング
（2）教師に対する助言・援助
（3）保護者に対する助言・援助

6　第1章　スクールカウンセリングの概念と背景

による学会認定学校カウンセラーという資格の認定が始まりましたが，この資格を取得する人は実際には学校の教諭として教育相談にかかわっている教師が中心であることもあり，独立したスクールカウンセラーの任用資格とはなっていません。

　同様に，このスクールカウンセラー活用調査研究委託事業の開始2年後の1997年，日本教育心理学会により学校心理士あるいは学校心理士補の認定事業が発足しました。日本教育心理学会を中心にして発足した学校心理士認定制度は，2001年から日本特殊教育学会・日本発達障害学会・日本発達心理学会・日本LD学会の4学会を加えて5学会による学校心理士認定運営機構に発展し，2007年から日本学校心理学会・日本応用教育心理学会・日本生徒指導学会・日本学校カウンセリング学会の4学会を連携学会として発展してきています。この学校心理士は，必ずしもスクールカウンセラーそのものの直接的な資格のみを目指しているわけではなく，学習指導や教育プログラム，生徒指導を含む学校教育全体へのコンサルテーションを行なうことができるアメリカのスクールサイコロジストをモデルにしています。もちろん日本の現状は，学校専属のスクールサイコロジストとスクールカウンセラーが配置され，その職分が細分化されているアメリカの状況とは，大きな隔たりがあります（塩見，2001）。

　教育委員会によるスクールカウンセラーとしての独立した任用資格として，学校心理士がスクールカウンセラーの募集要項に明記されているケースはまだ少数です。ただし，学校心理士の場合も，学校心理学領域の修士課程を修了し学校教諭の専修免許状を有する現職教員，あるいは学校心理学領域を専攻とする大学教員が中心ですので，実際にはスクールカウンセラーとして実質的に任用されているケースも少なくないでしょう。

　1995年から始まったスクールカウンセラー活用調査研究委託事業は，2001年から文部科学省と都道府県教育委員会の正式なスクールカウンセラー活用事業となっています。

　文部科学省のこの正式な事業名称は，「スクールカウンセラー活用事業補助」という表現をとっていますが，これは各教育委員会が行なうスクールカウンセラー活用事業を予算的に補助するという意味です。現在スクールカウンセラー

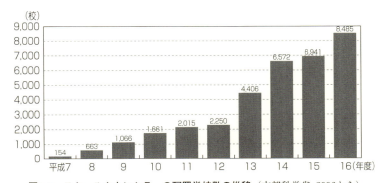

図1-1 スクールカウンセラーの配置学校数の推移（文部科学省, 2006から）
注）スクールカウンセラー活用調査研究委託事業（平成7〜12年度）及び同事業補助（平成13年度〜）として派遣している学校数

の募集は政令指定都市以外の市町村教育委員会でも行なっており，派遣する学校種も中学校から高等学校，近年では小学校に派遣するケースも少しずつ増えてきています。

この教育委員会によるスクールカウンセラーの任用派遣制度が始まった1995年当初から比べると，スクールカウンセラーを配置している学校数は，国あるいは自治体の厳しい財政事情にもかかわらず，数十倍に拡充されてきています（図1-1参照）。ただし，1校あたりのスクールカウンセラーの派遣日数は，依然として週あたり1日程度の標準域を大きく超えたわけではありません。限られた日数・時間でのハードスケジュールでカウンセリングをこなしていかなければならないのが現状でしょう。また，スクールカウンセラーの任用方法は，都道府県・政令指定都市の教育センターや一部の私立学校を除いて，大半が教育委員会が時間給で雇用する非常勤形態でした。アメリカの学校の多くは各学校へ専任のスクールカウンセラーを配置しており，これと比べると日本の現状は大きな隔たりがあるといわざるをえませんでした。

1998年から，スクールカウンセラーのような心の専門家によらない，子どもたちの相談相手を配置する心の教室相談員制度，「心の教室相談員活用研究調査委託事業」が始まりました。これは，退職教員などが子どもたちの悩み事の相談や話し相手になろうという趣旨から，子どもたちの相談相手を配置するという試みでした。

8　第 1 章　スクールカウンセリングの概念と背景

　2015 年 12 月に文部科学省の中央教育審議会から「チームとしての学校の在り方と今後の改善について」という画期的な答申が出されました。この中に，学校の専門スタッフとして，スクールカウンセラーの常勤化と，家庭と学校を行き来して不登校や子ども虐待や貧困といった問題に対処するスクール・ソーシャルワーカーといった別の常勤の専門スタッフの配置が提言されております。今後は，こうした新しい学校の専門スタッフと教師との協力関係から，児童生徒の複雑化している問題に，より専門的な見識を交えた学校力が構築されていくのではないかと期待されています。

3.　スクールカウンセラーの資格と仕事

　教育委員会が任用し，公立学校に派遣するスクールカウンセラー（非常勤）の任用条件については先にふれたとおりであり（表 1-2），具体的な募集要項は都道府県や市町村の広報紙やあるいは教育委員会の web サイトなどで公開されています。一般的に，正式なスクールカウンセラーとして教育委員会から任用されるのは，臨床心理士，精神科医，学校心理士，心理学系（心理臨床・学校心理学等）を専攻とする大学教員です。2018 年以降はこれに公認心理師が加わっていくのではないかと考えられます。

　次に，スクールカウンセラーに準ずる者として任用されるのは，心理臨床業務または児童生徒を対象とした相談業務について一定の経験を有する者であり，学歴・最小限度の経験年数については目安が示されている場合が多いのです。たとえば，「大学院修士課程を修了し，1 年以上の心理臨床または児童・生徒に関する相談業務実績がある者」等。ただし，正式なスクールカウンセラーの任用資格の要件を満たしているカウンセラーに比べると，時間給が 1/2 程度となるのが通常の処遇です。

　次にスクールカウンセラーの業務は，表 1-2 に示したように，まず児童生徒に対するカウンセリングを行なうことが主な仕事です。次に，児童生徒に関連して，学校の教師に対しての助言・援助を行ないます。あるいは，保護者に対して，児童生徒に関連した助言・援助，カウンセリングを行ないます。それ以外に，特に必要がある場合は，精神科医やクリニック，大学の心理相談室，特

別支援学校，教育センター，児童相談所等外部の機関に紹介あるいは協力依頼をする場合もあります。児童生徒の行動的な問題の背景として，神経発達症群（発達障害）や精神疾患の疑いを考えないといけない場合があります。こうした場合，最終的に医師の診断や治療を必要とするにせよ，スクールカウンセラーに高度な心理臨床的な判断（心理アセスメント）が求められてきます。こうした問題は，もちろんスクールカウンセラーだけの問題ではなく，児童生徒と教師や保護者とのかかわりで非常に重要な問題となってきます。本書では，こうした問題については，4章，5章，6章において詳しく論じます。

　近年，教育現場では，知的能力障害を伴わないない自閉スペクトラム症（ASD，高機能自閉症・アスペルガー症候群）や注意欠如・多動症（注意欠陥／多動性障害 ADHD）・限局性学習症（SLD，学習障害 LD）に代表される知的（知能）障害を伴わない神経発達症群（発達障害）の子どもたちの扱い方が問題となっています。児童虐待あるいは子ども虐待という社会問題も深刻となっており，それらの疑いが生じた場合，児童相談所に対する通報義務は学校に対しても生じてきます。また，こうした虐待を体験した子どもたちの多くが，「反応性愛着障害」（抑制型愛着障害）や「脱抑制型対人交流障害」（脱抑制型反応性愛着障害）と呼ばれている独特の行動障害を伴い，見かけ上の行動特徴だけからは自閉スペクトラム症や注意欠如・多動症とよく似ていて，区別が困難な場合が少なくありません。そこで，こうした障害についての高度な判断が，スクールカウンセラーと学校にも求められるようになってきています。8章と9章で取り扱われるこうした神経発達症群や子ども虐待に関しては，教育相談やスクールカウンセリングの枠組みでは，ほとんど取り扱われることがなかった問題です。また，15章で扱われる特別支援学級や特別支援学校とのかかわりという問題も，新しい枠組みの構築が迫られてきているのです。

　学校内部の養護教諭や校長・教頭・学級担任・特別支援学級の教諭等との連携も重要になります。スクールカウンセラーは，児童・生徒あるいは学校のメンタルヘルスや発達支援にかかわってきます。スクールカウンセラーは，子どもたちの悩み事の話し相手になる場合がまず日常的です。10章，11章，12章で詳しく論じられている不登校やいじめ，荒れた学校といった深刻な問題への関与を求められてくる場合も，特別なことではないでしょう。この場合，児童

10 第1章 スクールカウンセリングの概念と背景

生徒に関する情報の共有とカウンセラーの守秘義務という複雑な問題の解決に，常に迫られることになるのです。

　その他，13章で扱われている警察や家庭裁判所・少年院，生徒指導担当や学級担任の仕事となっていると思われる非行や非行少年，14章で扱われる外国人児童・生徒，帰国生，国際家族の子どもといった多文化的背景をもつ子どもといった多様な子どもたちについても，教育現場からスクールカウンセラーに助言あるいは援助を求められる場合があるかもしれません。

4. 教師とカウンセリングマインド・カウンセリングスキル

　カウンセラーがカウンセリングを行なう際の心構えを，カウンセリングマインド（counseling mind）といいます。また，カウンセラーが，カウンセリングを実施する時に必要となるカウンセリングの技術や能力をカウンセリングスキル（counseling skills）と呼んでいます。カウンセリングにかかわるこれらの概念は，次の2章の「カウンセリングの基礎的な知識と考え方」で論じられますが，教師に求められている基礎的なカウンセリングマインドやカウンセリングスキルにはどのようなものがあるのか，よく使用されている用語を使って簡単にふれておきます。

　まず，教師に求められているカウンセリングマインドとして，よく教育現場でいわれているカウンセリングの代表的な用語に，「受容」と「共感」があります。受容というのは，カウンセリングにやってきた相手，クライエント（client：来談者）を現実の姿のまま，ありのままにまた人間的な温かい気持ちで受け入れるということです。共感というのは，「共感的理解」という言葉でも表わされますが，カウンセリングにやってきて，話をしている相手の気持ちや感情を，まるで自分のことのように，親身になって理解できることを指しています。教師にとって日常的な場面で，一番重要なのは，寛大でまた人間的に温かい気持ちで，児童生徒ひとりひとりの気持ちや感情を受け止め，接することができるかどうかということです。これは，カウンセラーがカウンセリング場面で実践している対人的な接し方と，教師が日常的に児童・生徒ひとりひとりと接するやり方とが，基本的に同じであるという考え方を指しています。

また，児童生徒ひとりひとりの話に一生懸命に耳を傾け，誠実に理解しようとする「傾聴」というカウンセラーの基本的な態度も，教師にとっても不可欠なものとなっているのです。

もう1つ重要な言葉があるとすれば，それはひとりひとりの気持ちを支える「サポート」あるいは発達の可能性を伸ばすというような意味で使われる「発達支援」という言葉です。

次に教師に必要なカウンセリングスキルについて述べることにします。カウンセラーあるいはスクールカウンセラーでなくとも，どの教師にもある程度のカウンセリングスキルは不可欠です。この場合，教師に求められているカウンセリングスキルとはどのようなものでしょうか。まず，今日の学校教育をとりまく現状から，スクールカウンセリングあるいはカウンセリングについての知識を，学校種や教科を問わずどの教師ももっていることが職務上重要です。また，神経発達症群や精神疾患，あるいはメンタルヘルスについてのある程度の知識は不可欠です。初歩的なレベルでかまいませんが，ある程度のカウンセリングそのものができることは非常に重要なのです。一番大切なのは，児童生徒の話をよく聞き，クラス集団あるいはひとりひとりの気持ちを理解して，助言をしたり，あるいは温かく見守りながら可能な発達支援を行なっていくことなのです。この場合，教師のもつカウンセリングスキルの水準によって，影響力や支援能力が異なってくることはいうまでもないでしょう。

文　献

文部科学省　（2006）．データから見る日本の教育2006　国立印刷局

澤田慶輔　（1984）．カウンセリング　創価大学

塩見邦雄（編）（2001）．スクールカウンセリング―その理論と実践―　ナカニシヤ出版

豊田　充　（1995）．清輝君が見た闇―いじめの深層は―　大海社

渡辺三枝子（編）（1997）．学校に生かすカウンセリング―学びの関係調整とその援助―　ナカニシヤ出版

渡辺三枝子　（2004）．カウンセリング能力が求められる背景　渡辺三枝子・橋本幸晴・内田雅顕（編）（1997）．学校に生かすカウンセリング【第2版】―学びの関係調整とその援助―　ナカニシヤ出版

カウンセリングの基本的な知識と考え方
基礎知識と技法

1. カウンセリングの目的

　この章では，カウンセリングの原点に戻り，カウンセリングの基本について考えたいと思います。

　まず，カウンセリングと心理療法という言葉は，本来はその発生から異なる歴史をもち，独自に発展してきたものですが，この二つの言葉は，それぞれが指す内容の違いはあるものの，同様の意味に使用されます。ロジャーズ（Rogers, 1942）は，『カウンセリングと心理療法』の中で，この2つの用語について，次のように述べています。「カウンセリングという用語はどちらかといえばより日常的で表層的な面接に対して使う傾向があり，一方，心理療法という用語はもっと強力で長期にわたる接触を意味する傾向にある。用語を使い分けることにも一理あるだろうが，しかし，最高度に強力で効果的なカウンセリングが，強力で効果的な心理療法と区別できないこともまたあきらかである」。日本でも，ロジャーズが述べるような意味の違いに応じて使い分けたり，同等のものとして使用したりしています。ただし，カウンセリングと心理療法を明確に区別する立場もあります。ここでは，両者を区別しない立場で，広くカウンセリングといわれるものについて，説明します。

　カウンセリングの目的について，河合（1970, 1998）の考えを元に述べます。悩みや問題を解決するために相談に来る人のことを，クライエントといい，そ

14 第 2 章 カウンセリングの基本的な知識と考え方

の相談を受ける人をカウンセラーといいます。相談に来る人が相談と言うのは，カウンセラーから何らかの解決の答えをもらうことを期待しています。カウンセラーがその期待に添うこともありますが，それを第一の目的にはしていません。なぜなら，実際，指示や忠告をしても，それが長い目で見て本当にクライエントの役に立つとは言いがたいのです。そのようななかで，カウンセラーのできることとして残ったのが，クライエントの話を聴くということなのです。そうすることによって，クライエントは，自分で問題を解決する力を見出していきます。その力のことを，自己実現傾向とか，自己治癒力といいます。カウンセラーはクライエントのその力を信じて，話を聴いていくのです。聴く態度をもってカウンセリングをしていると，今までになかった可能性がクライエントの心の中から生じてくると河合（1970）は言います。つまり，カウンセリングの目指すことは，カウンセラーがクライエントの問題を解決するのではなく，クライエントが自分の力で，問題を解決できるように援助することなのです。

2. ロジャーズの理論

　それでは，聴く態度とはどのようなものでしょうか。この節では，ロジャーズ（Rogers, C. R.）の理論を紹介し，この聴く態度について考えたいと思います。ロジャーズは，アメリカの心理学者で，クライエント中心療法（client-centered therapy）を生み出し，発展させました。彼は，当時，アメリカで主流の指示的なカウンセリングに対し，解決の答えを知っているのはクライエントであるとして指示を与えない非指示的アプローチを打ち出しました。そのため，ロジャーズは非指示的療法の提唱者として有名になりましたが，彼の提唱した理論の中でもっとも重要なものはカウンセラーの態度についてです。

　その元となる論文に，「パースナリティ変化の必要にして十分な条件」（Rogers, 1957）があります。そこで彼は，建設的なパーソナリティ変化が起きるためには次の 6 つの条件が存在し，それがかなりの期間継続することが必要であるとしています。その条件とは，

　1.　二人の人間が，心理的な接触（psychological contact）をもっていること，

2. ロジャーズの理論　*15*

2. 第1の人―この人をクライエントと名づける―は，不一致（incongruence）の状態にあり，傷つきやすい，あるいは不安の状態にあること，

3. 第2の人―この人をセラピストと呼ぶ―は，この関係の中で，一致しており（congruent），統合され（integrated）ていること，

4. セラピストは，クライエントに対して，無条件の肯定的配慮（unconditional positive regard）を経験していること，

5. セラピストは，クライエントの内部的照合枠（internal frame of reference）に感情移入的理解（empathic understanding）を経験しており，そしてこの経験をクライエントに伝達するように努めていること，

6. セラピストの感情移入的理解と無条件の肯定的配慮をクライエントに伝達するということが，最低限に達成されること，

というものです。ここで述べられるセラピストとはカウンセラーのことです。この条件3，4，5から，カウンセラーの基本的態度といわれるもの，つまり自己一致または純粋性，無条件の肯定的配慮，感情移入的理解の3条件が生みだされました。この3条件は，クライエントに良い変化を生じさせるためには，カウンセラーのあるべき態度として基本ですが，残りの条件もとても重要であると思います。条件1は，変化はカウンセラーとクライエントとの関係，つまり人との関係の中で生じること，すなわち関係性の重要性を語っていますし，6はその関係の中でカウンセラーのそのような態度がクライエントに伝達されている必要性を説いています。つまり，いくら，カウンセラーがこの3条件を満たしていても，相手であるクライエントに伝わっていなければ，何にもならないのです。その意味で6条件の中の3条件だけを取り出すのではなく，6条件の中でのカウンセラーの態度を考えることが大切です。

　カウンセラーの3つの態度について，ロジャーズの説明をもとに考えたいと思います。条件3の説明として，ロジャーズは，この関係の範囲内では，一致した（congruent），純粋な（genuine），統合された人間でなければならないと言っています。ここから，自己一致または純粋性という態度が出てきました。クライエントとの関係の中では彼（カウンセラー）が，自由にかつ深く自己自身であること，またこの関係のこの時間において，正確に自己自身であり，この瞬間において，このような基本的な意味で自己のありのままであることと説

明しています。つまり，カウンセラーは，カウンセリングの場面においては，自分自身の良い面も悪い面も含めて，ありのままの自分を感じており，受け入れていることをいいます。そして，カウンセラーはその場で生じている自分の感情や態度をクライエントに隠さず，クライエントに対しても開かれていることをいいます。これは，カウンセラーはカウンセラーとしての構えや防衛を取り去り，本来のあり様をクライエントに見せることだと思います。

　条件4から出てきたのは，無条件の肯定的配慮という態度です。これは無条件の積極的関心とも訳されます。クライエントの良い面も悪い面も含めてありのままのクライエントを受け入れることです。受容ともいいます。それは，クライエントに愛情をもつこと（care for）ですが，カウンセラーの所有欲を満たすための愛情ではなく，クライエントを別個の独立した人間と認めたうえで，クライエントを愛することです。つまり，クライエントが自分自身の感情をもち，自分自身の体験をすることを認めることです。このような形の受容が，パーソナリティの変化を生じさせるために必要なのです。

　条件5から出てきたのは，感情移入的理解という態度です。これは共感的理解と訳されるほうが一般的です。クライエントの個人的な世界を，あたかも自分自身のものであるかのように感じ取り，しかも，あたかも〜のようにという枠組みを失わない。これは，クライエントの怒りや混乱を，まるで自分自身のものであるように感じながら，それに巻き込まれないようにすることをいいます。

　最後に，変化をもたらすプロセスとして，人は，受容され，尊重されるとき，自分を愛する態度を発達させます。共感的に聴かれるとき，自分の内的な経験の流れに正確に耳を傾けるようになります。自分を理解し，尊重するほど，自己一致するようになり，人は本当の自分になり，純粋になると述べています（Rogers, 1979）。彼は，3つの条件の中で最も大事なものとして，この自己一致と純粋性をあげています。これはありのままの自分になることだと思います。

　なお，3つの条件に対する限界や批判もあります。病理の重いクライエントには向かないなど，すべてのクライエントに適用できるものでないということや理想的態度にすぎないのではないかというものです。しかし，限界や批判を

踏まえつつも，この基本的態度がクライエントに良い変化を促すのだということをカウンセラーが理解したうえで，その態度を身につける努力をすることが大切だと思います。

3. カウンセリングの技法

　この節では，カウンセリングの技法について考えます。2節で述べた3つの基本的態度でクライエントの話を聴いていくための技法が考え出されました。ロジャーズは，初期にいくつかの具体的な応答を取り上げ，技法について説明しています（Rogers & Wallen, 1946）。

　ここでは，話し手に対する聴き手の応答を通して，カウンセリングの聴き方とはどういうものなのかを理解し，技法を扱ううえでの注意点について述べたいと思います。

　「学校に行っていないのです」という話し手の話に対して，いくつかの聴き手の応答の例をあげてみます。

> 1）「実は，私も行っていなかったのよ」
> 2）「それは困ったね」
> 3）「いつから行っていないのですか」
> 4）「学校は行かなければならない所だから行きなさい」

　1）の場合，聴き手は相手の話を聴いて，自分が学校に行かなかったことを話題に取り上げて応答しています。話し手の言葉は，聴き手である自分の関心や興味を思いつくきっかけになっています。この応答から聴き手が話し手になってしまう可能性があります。普通の会話とは，このように話し手，聴き手が固定してしまうのではなく，互いに話を提供し，役割を交換しながら会話が進みます。

　2）の場合，聴き手は自分の感情から困ると思って応答しています。

　3）の場合，聴き手の中で湧いてきた疑問をそのまま返しています。

　4）の場合，聴き手の判断から，指示，忠告をしています。

　2）から4）の場合，聴き手として話を聴こうとしています。普通の会話と

18　第2章　カウンセリングの基本的な知識と考え方

異なり，聴き手は話し手の相談に乗る形で話を聴いています。2）の場合，話し手が困ったということを訴えたいのなら，聴き手がこのように応答することによって，気持ちをわかってもらえたと話が進むのですが，そうでない場合，話し手の話そうとする流れからそれてしまうことになり，話し手の話したいことが話せなくなります。3）の場合も同じです。質問をして，話し手の話をより詳しく理解しようとする聴き手の姿勢が表れていますが，もし話し手が他のことを話したい場合なら，自分の話を横に置いて聴き手の尋ねたことについて答えねばなりません。4）の場合，聴き手の出した答えの通り話し手がするのであればよいのですが，そうでない場合，話し手はこれ以上話しを続けることができなくなります。これらは，どれもカウンセリングが目指す話し手が問題解決できるように，話し手の心の流れに添って話を聴くということができていません。

　それでは，どのように聴くことが話し手の心に添うことになるのでしょうか。このときできることは，相手の言う通りに聴いていくことです。

> すなわち，「学校に行っていないのです」と話されたら，
> 「学校に行っていないのですね」とそのままに応えるのです。

　話し手が言ったことを聴き手がそのままに答えるやり方は，「繰り返し」技法などと呼ばれています。この方法は，カウンセリング特有の応答の仕方として，よく知られていますが，このような意図で行なうことを知っておく必要があります。しかし，実際やってみると違和感を覚える場合が出てきます。そのため，この技法そのものにこだわらず，この目的にかなう言い方を工夫すればよいわけです。たとえば，うなずきやあいづち，「うんうん」「よくわかります」などです。この他にも，重要な技法として，話し手の話す内容でなく，気持ちや感情を理解して，それを話し手に返す「感情の反射」という技法があります。これも話し手が，自分の感情を理解し整理するのを助けるためです。なぜなら，話し手の抱える問題の中心となるのは気持ちや感情だからです。

　最後に，技法は単なるテクニックではないということを考えて，その奥にある意図を理解して使う必要があります。むしろ，技法としてでなく，カウンセラーはクライエントの一つ一つの言葉にどう応答するかを真剣に考えることが

大切です。なぜなら，カウンセラーがクライエントの話す内容のどこに焦点を
あてて応答するかによって，クライエントの心の流れが変わるからです。

4. カウンセリングの過程

　カウンセリングはどのように始まり，終わっていくのでしょうか。カウンセ
リングは継続して行なうことを前提にしています。そのため，カウンセリング
には，基本的なルールがあります。そのことを一般に制限といったり，枠，枠
組み（東山，2002）といったりします。東山（2002）は，枠組みとして時間，
面接回数，場所，料金，禁止と制限をあげています。ここでは，時間（面接回
数を含む），場所，料金，そして，カウンセラーが守らなければならない守秘
義務について述べ，それを通して，カウンセリングの過程について考えます。
　時間とは，どの時間に，どれだけの時間会い，どの間隔で継続するかです。
カウンセリングでは，毎週，50分から1時間，同じ曜日の同じ時間に面接す
るというのが原則です。これについて，初めの面接のときに，クライエントと
相談しながら決めます。ただし，クライエントの要望や状態によって，1回に
会う時間や面接の間隔を短くしたり長くしたりします。大事なのは，一度決め
た時間の枠を守るということです。特に，同じ時間帯に会うということは，カ
ウンセリング関係を安定させ，それがクライエントを安定に導きます。そのた
めに，まず，カウンセラー自身が決めた時間枠を安易に変えないこと，それが
できる時間設定をすることが大切です。
　場所とは，決められた場所でしか会わないということです。通常，カウンセ
リングを行なうための面接室が作られており，その面接室で会います。面接室
の空間は，広すぎず狭すぎず，居心地のよい空間になるように，照明の明るさ
やソファーなど調度品にも工夫します。しかし，一番大切なのは，面接の中の
話が外に聞こえないように，外の音が面接室に聞こえてこないような部屋作り
が必要だということです。そして，いつもと同じ時間，同じ部屋で面接が行な
われるという状況を作ることが重要です。
　料金は，カウンセリングを行なう機関によって無料と有料があり，料金をと
る金額もかなりの高額のところからそうでないところまでさまざまです。有料

20　第2章　カウンセリングの基本的な知識と考え方

か無料かどちらがよいとは一概に言えませんが，カウンセリングの関係にお金が入ることの心理的な意味は大きいのです。

　これら3つは，カウンセリングを行なう外的な枠組みですが，これをきちんと守ることがカウンセラーを守ることになり，ひいてはクライエントを守り，カウンセリングの過程を進めることになります。また，クライエントがカウンセリングの枠や制限を破る形で，カウンセリングの過程に大きな影響を及ぼすことがあります。カウンセラーは，そのことを意識して，制限や枠を考えることが大切です。

　最後に守秘義務があります。これは，カウンセリングの過程で，カウンセラーは知り得た情報を外に漏らしてはいけないということです。カウンセラーは初めの面接のときに，クライエントの話した内容は秘密にしますということをクライエントに伝えることが必要です。クライエントはそれを伝えられることで，安心し，この場が特別の場であることを理解します。

　最初の面接のことを，初回面接，または受理面接といいます。この面接の時に，これらの枠組みについて，クライエントに伝え，決めます。そこから，カウンセリングが始まり，経過の中でクライエントとカウンセラーが問題解決できたことを同意できる時に終結となり，カウンセリングは終わります。実際，このようなきれいな終わり方は少なく，外的な事情で続けられなくなることや，クライエントが面接に来なくなり，カウンセラーからすれば中断という形で終わることが多いようです。そのような場合でも，経過の中で何が生じていたのかを考えておくことが大切です。

5.　日常におけるカウンセリング的対応―カウンセリングマインド

　本来，カウンセリングは，専門の訓練を受けた者が行なうものです。しかし，非専門家，たとえば学校の教師が担任として，また教育相談として生徒と接する場合，カウンセリング的な対応をすることはできますし，そのようなかかわり方が生徒との良い関係を築き生徒の成長を促すと思います。カウンセラーではない非専門家が，カウンセリングという特別な場ではない日常の場でカウンセリング的な対応をすることをカウンセリングマインドといいます。

5. 日常におけるカウンセリング的対応——カウンセリングマインド　21

　ここでは，ロジャーズの理論を元にカウンセリング的対応について考えます。ロジャーズは，クライエント中心療法を提唱し実践を行なってきましたが，この理論はクライエントとの関係のみではなく，さまざまな関係にもあてはまるとし，パーソン－センタード・アプローチと名づけました（Rogers，1979）。ここでいうカウンセリングマインドとはまさにそれにあてはまります。つまり，教師と生徒の関係において，カウンセリングでクライエントを中心に置いたのと同様，生徒を中心に置いた教育をすることです。つまり，生徒主動型の教育を考えることです。そして，教師のすることは，生徒のもっている力を信じて，生徒自身が自分で学ぶことができるように，援助することになります。これは，日本においては臨床教育学という分野で研究されています。

　そのうえで，3つの態度をもって生徒に接することができればよいのです。まず，無条件の肯定的配慮と感情移入的理解を取り上げて，生徒の接し方について述べておきます。学校現場における無条件の肯定的配慮とは，今いる生徒そのまま，ありのままを受け入れることです。「今のままのあなたでよいのだよ」というメッセージを伝えてほしいと思います。今の生徒たちは自己否定感をもち，このままではいけないと焦っています。自分はこれでよいのだと今を肯定されることによって，次への成長の力が湧いてきます。そして，学校現場における感情移入的理解とは，教師の側から，生徒を理解するための努力を決してあきらめないことです。今の生徒は自分の気持ちの表現方法が拙く，心を閉ざしているようにみえるかもしれませんが，実はわかってもらいたいという気持ちをいっぱいもっています。否定的にしかみえなかった生徒の言動が，理解しようという姿勢でみていくなかで，生徒が感じていることや考えていることを理解できる，共感できるようになっていきます。共感するためには，まず，生徒を理解しようという姿勢から出発します。目に見えない内面を理解する視点をもつことが必要です。そのために，臨床心理学や発達心理学の知見が役立ちます。最後に，最も大切な態度は純粋性だと思います。教師が教師という構えを取り去ってありのままの一人の人間として生徒に接することです。

文　献

東山紘久　（2002）．　心理療法における枠組み　心理療法と臨床心理行為　創元社　pp.77-103.

河合隼雄　（1970）．　カウンセリングの実際問題　誠信書房

河合隼雄　（1998）．　河合隼雄のカウンセリング入門　創元社

桑原知子　（1999）．　学校で生かすカウンセリング・マインド　日本評論社

Rogers, C. R.　（1942）．　*Counseling and psychotherapy: Newer concepts in practice.* Houghton Miffilin.　末武泰弘・保坂　亨・諸富祥彦（共訳）（2005）．　カウンセリングと心理療法—実践のための新しい概念(ロジャーズ主要著作集1)　岩崎学術出版社

Rogers, C. R.　（1957）．　The necessary and sufficient conditions of therapeutic personality change. *Journal of Consulting Psychology*, **21**, 95-103.　パースナリティ変化の必要にして十分な条件　伊東　博（編訳）（1966）．　サイコセラピィの過程（ロージャズ全集4）　岩崎学術出版社　pp.117-139.

Rogers, C. R.　（1979）．　The foundations of a person-centerd approach. In C. R. Rogers （1980）．　*A way of being.* Houghton Mifflin. pp.113-136.

Rogers, C. R., & Wallen, J. L.　（1946）．　*Counseling with returned servicemen.* McGraw-Hill.　手塚郁恵(訳)（1967）．　復員兵とのカウンセリング　友田不二男（編訳）カウンセリングの立場（ロージャズ全集11）　岩崎学術出版社　pp.1-170.

心理療法

1. 心理療法とは何か

　心理療法にはさまざまな学派があり，それらが共存しています。学派による治療観と治療法の差異が埋めがたく存在し，同じ事例に対しても対立する見解が生じることがしばしばあります。心理療法の多様性は，その背景にある人間観や価値観が多様であるために当然であるといえます。実際の臨床家は，臨機応変にさまざまな方法を折衷的に用いていることが多く，全国規模の調査でも「折衷的アプローチ」が73.7％ともっとも多いことがわかっています（日本臨床心理士会, 2006）。心理療法の効果研究においても，学派間の効果の差は見られず，クライエントと関係する治療外要因（障害の重篤度，人格特性，ソーシャルネットワークなど）が最も大きく影響し，次いで治療関係となっています（Asay & Lambert, 1999）。心理療法の成否は，全治療者に共通の要因によることが実証されています。それは，支持，共感的理解，積極的関心，純粋性，クライエントと情緒的絆を築く能力です（Miller, Duncan, & Hubble, 1997）。このように心理療法の効果においては，「技法」よりも，クライエント中心療法の創始者であるロジャーズが重視した治療者の「態度」が重要です。

　日常的援助においては，傾聴，共感，励まし，知識・情報を伝える，助言・指導する，ともに行動する，身近な課題を達成させて自信を回復させる，異なる観点からの解釈を述べるなど，時と場合に応じて，さまざまな方法をとります。心理療法と日常的援助との違いはどこにあるのでしょうか。滝川（1998）

は，精神療法の原型は日常の援助にあり，精神療法はそれらの「日常の手立てや関わりを，より抽象化（純化・人工化）したわざ」にすぎないと述べています。つまり，基底にあるのは日常的な援助であり，抽象性が高まるほど特異的な技法になります。そのため，治療者の意識が基底部へと立ち戻らないと，その精神療法はシャープに見えてもどこか観念的であり，すぐれた治療者は狭義の臨床経験や臨床技術にとどまらない「もっと全体的なもの」を感じさせると述べています。そして，この「全体的なもの」とは，基底をなす領域の厚みと奥行きであるといいます。

　他方，昨今の心理面接に関する書物には，さまざまな技法やマニュアル的応答が書かれています。技法の多くは日常的な人間関係に見られる援助からかけ離れた抽象性の高いものであり，マニュアル的応答の多くは原理原則に基づくものです。不安な初学者はそれを読んで，すぐれた臨床家に必要な「全体的なもの」を身につけるかわりに，型どおりの応答を身につけていきます。心理的援助はクライエントの利益を第一に考えるべきものであるという当然の前提さえも，なおざりにされているようにみえる時があります。心理的援助においては，その時そのクライエントにとって何が必要であるか，またその現場においてどのような働きを要請されているかを考えることが基本です。技法は，基本的な態度を身につけたうえで，クライエントにとっての必要性に応じて用いねばなりません。

　また，人とかかわる職業においては，専門性だけでなく人間性も大きく影響します。技術や知識においては未熟な初心者が，クライエントへの情熱と愛情によって，経験を積んだ治療者よりも大きな治療成果をあげることは少なくありません。もちろん専門的な知識も必要ですが，臨床心理的援助はクライエントと援助者の人間関係を基礎として行なわれるところに独自性があり，このような関係は専門的知識のみによって成立するのではありません。土居（2000）は「人間性を土台にしないような専門性は意味がない，では，人間性だけでいいかというと，人間性だけでも困るので，専門性がなければならない。この二つはそういう相補的な関係にある」と述べています。クライエントから見ると治療者の人間性の自然なあり方から出た言葉や行動にみえるものが，実は専門的知識や経験によって深く裏打ちされたものであり，専門性が人間性の中に自

然に溶け込んでいるようなあり方が，心理的援助における真の専門家的態度ではないでしょうか。治療者は熟練するほど素人っぽくなると言われるのも，この意味においてでしょう。

2. 心理療法における基本的な考え方

　どのクライエントに対しても共通する態度が基本にあり，そのうえで個別の疾患・障害によって異なる会い方の工夫を考えます。診断名は，クライエントを理解するための一つの視点にすぎません。たとえば心理的問題を意識化・言語化することが難しいクライエントに対しては，山中（2000）のいう「窓（channel）」を見つけてそれに同調（tuning in）することが有効です。「窓」とは，クライエントに「固有の表現方法」であり，「かれらが目を輝かせ，こころを奪われている媒体」です。クライエントの好きなこと，関心をもっていることを尊重し，多くは他者と共有されない孤独な関心であったものに治療者が積極的に関心を向け，治療者も生き生きと目を輝かせることが治療的です。クライエントに教えてもらうという態度が，クライエントの自尊感情を高めるのに役立ちます。関心を共有し，ともに行動することが有効です。

　言語化能力が高く，悩みが明確であり，それを話す人に対しては，じっくりと聴きます。傾聴することは基本的に重要です。しかしそうでない場合，問題に直接アプローチして意識化・言語化させるという方法は，クライエントに無用な抵抗を生じさせます。比喩的に言えば，クライエントは傷を負っています。治療者はとりあえず傷を保護し，傷には触れずそっとしておきます。その傷について話題に取り上げることは，打撃を受けているクライエントの心をさらに弱らせます。したがって，傷に対しては十分な配慮をもって保護し，上述したように心的エネルギーが回復するようなかかわりをして，心身の全体が回復するのを待ちます。そうすれば，自然治癒力が活性化され，結果的に傷も癒えやすくなります。医学的治療法においても，患部を切除する「根治的な治療法」と，患部はそのままにしてケアする「保存的な治療法」がありますが，これは保存的治療法の考えに近いでしょう。そして時がすぎて，クライエント自身がその傷についてすっかり忘れているようであればそれでよいし，もし語りたく

26 第3章 心理療法

なる時がくれば耳を傾けます。あくまでもクライエント中心の態度が望ましく，侵入的になりすぎないよう節度が求められます。

　心理療法には支持療法と洞察療法があります。『新版精神医学辞典』（弘文堂 , 1993）によれば，支持療法とは「患者の無意識的葛藤やパーソナリティの問題には深く立ち入らないことを原則とし，患者を情緒的に支持しながら援助し安定した信頼関係にもとづき，自我機能を強化するとともに本来の適応能力を回復させ現実状況への適応を促す治療法」とあります。支持療法は，歪んだ自我の防衛機制や無意識的葛藤を探索する精神分析療法に代表される洞察療法と対比されます。心理的援助においては，洞察療法よりも支持療法を優先させることが基本です。具体的には，感情を発散させる，説明・説得を与える，自信を与え励ます，保証を与える，助言・指導を行なう，再教育を行なうなどの日常的な援助であり，クライエントにとって負担の少ない方法を，まずは考えます。それで問題が解消あるいは改善すればそれでいいし，たとえ問題が解消しなくても，何とか工夫して折り合いをつけて生活していければクライエント自身が納得することもよくあります。

　援助者は問題や主訴の変化を常に把握しておく必要がありますが，話題がそれらに限定されることなく自由に展開されるようにかかわります。心理的な援助においては，問題だけに注目するのではなく，問題をかかえているその人を全体として見て，少しでも生きやすくなるように援助していきます。その人の健康な部分に働きかけることで，心は回復していきます。田嶌（1995）は，人が悩みや問題を克服する道筋は多様であり，「一時的にちょっとした直接的手助けや幸運な経験の機会を得ることで困難を乗り越えていくというのが私たちの人生ではありふれたことであり，内面を探究してしかる後に困難を克服するというのはむしろ特異的で例外的な乗り越え方である。とりわけめざましい成長期にある学齢期の生徒たちは，他者からのちょっとした手助けで乗り越え，後は特にそういう援助はなくともうまくやっていけるということがしばしばある」と述べています。問題そのものに取り組まなくても，他のことにエネルギーを注いでいるうちに気にならなくなることもよくあります。問題に直面して解決するという考えにこだわらない柔軟な対応が望まれます。

3. さまざまな学派

[1] 精神分析

　フロイト（Freud, S.）が創始した治療法で，自由連想を用いて，クライエントの無意識的葛藤を意識化させ，また治療過程で生じる転移の解釈を行なってクライエントの洞察を深めます。面接場所，面接時間などの治療構造を厳守し，治療目標を明確にして治療契約を結びます。分析家の態度としては，中立性や受け身性が求められます。

[2] 分析心理学

　ユング（Jung, C. G.）が創始した学派で，夢分析を用いて，クライエントの自己実現・個性化を目指します。意識と無意識には相補性があり，意識のあり方が一面的になり，心全体の中心である自己とのつながりを失うと症状が現われると考え，治療の目標は心の全体性の回復であるとします。

[3] クライエント中心療法

　ロジャーズが創始した治療法で，人間には本来的に自己実現傾向があると考え，治療の目標を「十分に機能する人間」であるとします。ロジャーズによる心理療法のモデルは，医学モデルではなく成長モデルです。自己概念と経験の不一致が不適応の原因であり，それに対して治療者は，「一致（純粋性）」しており，「無条件の肯定的関心」と「共感的理解」を示します。このような治療者の「態度」が，治療的人格変化のための治療者側の3条件であると考えます。応答技法としては，感情の受容，感情の反射，繰り返し，感情の明確化などがあります。

[4] 行動療法

　学習理論に基づく行動変容を主要な手段にする治療法です。人の問題を「行動」として認識して治療対象とします。その人の問題はどのような行動からなっているのか，問題が改善されるためにはどの行動がどのように変わればよい

のか，という見方で治療を進めます。刺激－反応の連鎖で症状をとらえ，症状
を先行刺激（Antecedent：A）－行動（Behavior：B）－結果（Consequence：C）
という ABC パターンでとらえて行動内容を分析します。いくつもの問題があ
ればどの問題から治療してもよく，問題行動はそれぞれに適合する技法を用い
て治療します。

［5］認知行動療法

エリス（Ellis, A.）の開発した論理療法，ベック（Beck, A.）の開発した認知
療法などの認知的アプローチと，行動療法が融合したもので，変容しやすい認
知と行動を治療対象とします。問題解決訓練，ソーシャル・スキル・トレーニ
ングなどもここに含まれます。論理療法では，賦活事象（Activating event：A）
－信念（Belief：B）－結果としての情動や行動（Consequences：C）の ABC モ
デルを考え，不合理な信念が不適応な結果を引き起こすと考えます。認知療法
では，認知を表層にある「自動思考」と深層にある「スキーマ」の２つのレベ
ルで考えます。スキーマ（または中核的信念）は，自己や世界のとらえ方に見
られる個人特有のパターンであり，自動思考を生み出す鋳型のようなものです。
治療は，①心理教育，②認知（自動思考）の発見と記録，③認知（自動思考）
の妥当性の検証，④歪んだ認知のより現実志向的な認知への置き換え，という
プロセスで行ないます。認知の歪みに注目して思考を修正する認知的技法と，
現実生活の中で自動思考を検証するような実験的行動を行なう行動的技法の両
方を用います。クライエント自身に問題意識と治療への動機づけがあることが
必要です。

［6］家族療法

病理を個人ではなく家族システムにあると考え，家族システムを治療の対象
とします。問題や症状を示している人を，家族システムの病理を代表している
という意味で，IP（Identified Patient：患者の役割を担う人）と呼び，治療の
中で問題の焦点を個人から家族全体へと転換していきます。このような考え方
に基づくアプローチであれば，面接の形態がどのようにとられても家族療法で
あるといえ，面接形態を臨機応変に組み合わせます。

[7] 集団療法

野島（2005）によれば，「セラピー・訓練・心理的成長を目的として，言語的・非言語的コミュニケーションを媒介としながら，集団の機能・過程・ダイナミックス・特性などを用いる援助技法」であり，個人療法と比較して以下の3つの特色があると述べています。

1）経済性　心理療法家が同時に多くのクライエントを扱えるという点で，時間的，金銭的，労力的に経済的である。

2）日常的状況への近さ　個人療法は二者関係であるが，集団療法は三者以上の関係であることから，日常生活場面に近い。

3）グループ療法特有の治療的要因　愛他性（自己中心的傾向を抑えて他者を助けることができる喜びにより，安定感・生活意欲が高まる），観察効果（他者の言動を見聞きして自己を振り返る），普遍化（他者も同じような悩みをもっていることを知り気が楽になる），現実吟味（家族関係・人間関係の問題をグループの中で再現し解決法を学ぶ），希望（他者の成長や変化を見て希望をもつ），対人関係学習（話したり聞いたりして自己表現能力などを高める），相互作用（グループ担当者との，あるいはメンバー相互の作用），グループ凝集性（グループとしてのまとまりが援助能力を高める）。

4. さまざまな治療技法

非言語的表現は，言語化しにくい感情の直接的表現を可能にし，自己を対象化・客観視させ，さらに言語表現を促すという利点があります。以下に述べる技法は，あくまでも治療のためのものであり，診断のためのテストではありません。したがって，一回ずつの遊びや作品の内容を解釈することにこだわらず，治療全体の流れの中で表現の変化を理解することが重要です。

[1] 遊戯療法

言語化能力の未熟な子どもに対しては，遊びを媒体として自由な自己表現を促します。治療者は，子どもが一人で熱中して遊んでいるのをそっと見守る場合，ゲームやごっこ遊びなどに積極的に関与していく場合など，ケースによっ

30   第3章　心理療法

て対応が異なります。たとえば自閉症児が一人遊びに没頭している時は，よけいな介入をして妨げることのないよう，そっと寄り添うような心持ちで見守り，子どもの体験している世界をともに体験しつつ言葉をかけます。注意欠如・多動症（ADHD）の子どもは退屈すると注意散漫になるので，治療者が受動的に待つのではなく，集中して積極的にかかわります。選択性緘黙で言葉を話さない子どもの場合，話さなくてもいいという基本姿勢でかかわり，治療者自身は言葉をかけますが，子どもに発言を求めることはしません。そうしているうちに，子どもが表情や書かれた文字などで，伝えたいことを表現してきます。基本的に，子どもの現状をそのまま受け入れることが大切です。治療者が安心・信頼できる人であり，プレイルームが安心してすごせる場所であることが治療的です。思春期以降の人でも，たとえば選択性緘黙の場合や，体を動かすことに治療的意味があると判断した場合には，遊びやスポーツを媒介にしてかかわることが有効です。

［2］箱庭療法

　カルフ（Kalff, D. M.）が創始し河合隼雄が日本に導入した方法で，砂箱に玩具を置いて作ってもらいます。砂箱の内側は水色に塗ってあり，砂を掘ると川や海などが作れます。3歳以上であれば適用できます。子どもの場合，静止した作品として完成させず，箱庭の中で戦いなどのテーマを動的に繰り広げることがあります。この場合は遊戯療法を箱庭の中で行なっているとみなし，作品を完成させることにこだわらないことが重要です。また，子どもが「先生もいっしょに作って」と言う場合にも，一人で作品を作らせることにこだわらず，共同で製作すればいいでしょう。

　治療者は，作品の流れを理解しようとしますが，解釈を与えず，ともに鑑賞するような態度で見守ります。カルフ（Kalff, 1972）が述べたような「自由にして保護された空間」「母子一体性」を保証することが重要です。河合（1969）は箱庭の特徴として，具象性，直接性，集約性をあげています。箱庭作品は，言葉で表現するよりも，直接的に人の心に訴えかける力をもっています。絵画や粘土のようにゼロから作るのではなく，既成の玩具を用いるので，うまい下手に関係なく作れるという利点がある一方，思うような玩具がないという不満

が聞かれることもあり，多種類の玩具をそろえておくことが望まれます。筆者は，クライエントが置きたい玩具を，紙粘土で作ってもらうこともあります。

　事故によるけがや病気を医者が治す「治療」のテーマ，食事を与えて世話をする「母性的ケア」のテーマなど，クライエントが必要としているものを表現することがあります。チックや選択性緘黙の子どもは，緊張が高く攻撃性を抑圧しているため，心の中の葛藤を表わす戦いのテーマのように，攻撃性・破壊性がテーマとして表わされることがよくあります。治療者は，できる限り忍耐強く見守ることが望まれますが，あまりにも破壊的な表現で，治療者が耐え難く感じた時は，クライエントを守りきれないので，制限することが必要になります。治療に伴う変化として，用いる領域の拡大，玩具の数や種類の増加，テーマの変化，全体の印象が寂しく殺伐としたものから豊かで統合性の高いものへと変化する，などがあります。たとえば不登校児の箱庭では，最初は内面世界の表現が多いのですが，しだいに外界への関心が芽生えたことを表わす表現（たとえば郵便ポスト，郵便配達，町，人々など），出立を表わす表現（船出や飛行機の離陸）が見られるようになります。

［3］絵画療法

　絵画療法には自由画法と課題画法があります。自由画法は，クライエントに表現したいテーマが明確にある場合を除くと導入が難しく，むしろ課題画法の方が取り組みやすいと思われます。課題画には，風景構成法，誘発線法，なぐり描き法，交互なぐり描き物語統合法などがあります。

［4］コラージュ療法

　切り貼り絵のことで，好きな雑誌などを持参してもらい，そこからハサミで切り取って，のりで画用紙に貼り付けるマガジンピクチャーコラージュ法と，治療者側で切り抜いたものをあらかじめ用意しておき，その中から選んで貼ってもらうコラージュボックス法があります。後者は箱庭療法の平面版といえます。コラージュ療法は身近なものを題材にするので，箱庭や絵画に比べると現実的・意識的な表現が多く，安全です。

32　第3章　心理療法

5.　おわりに

　ロジャーズが重要視した治療者の態度は，すべての心理療法に共通の基礎であり，共感しながら感情の反射や明確化を行なうことは，心理療法家が自然に行なっていることであると思われます。心理療法においては，クライエントと信頼関係を築くことが基本であり，治療構造や中立性という考えに必要以上にとらわれず柔軟に対応することが大切です。環境調整のため，本人の了承を得て，親との面接や学校教師との連携も必要に応じて行ないます。症状が重く，心の傷つきが深く，他者への不信と緊張が強い人，またコミュニケーションの通路が非常に限られている人は，集団療法に向かないので1対1の個別面接でかかわります。回復の段階に応じて，少しずつ集団場面への参加を考えていきますが，集団参加にこだわらないことも重要です。あくまでもクライエントの人格的特徴と回復段階に合わせて，治療法・治療形態を考えることが大切です。

文　献

Asay, T. E., & Lambert, M. J.　（1999）．The empirical case for common factors in psychotherapy: quantitative findings. In M. A. Hubble, B. L. Duncan, & S. Miller（Eds.）, *The heart and soul of change: What works in therapy.* Washington, DC: American Psychology Association. pp.141-157.

土居健郎　（2000）．専門性と人間性（土居健郎選集8）　岩波書店　pp.186-207.

Kalff, D. M.　（1966）．*Sandspiel: Seine therapeutische Wirkung auf die Psyche.* Zurich: Rascher Verlag.　河合隼雄（監修）　大原　貢・山中康裕（訳）（1972）．カルフ箱庭療法　誠信書房.

河合隼雄（編）（1969）．箱庭療法入門　誠信書房

Miller, S. D., Duncan, B. L., & Hubble, M. A.　（1997）．*Escape from Babel: Toward a unifying language for psychotherapy practice.* New York: Norton.　曽我昌祺（訳）（2000）．心理療法　その基礎なるもの　金剛出版

日本臨床心理士会　（2006）．第4回「臨床心理士の動向ならびに意識調査」報告書

野島一彦　（2005）．グループ療法　心理療法ハンドブック　創元社　pp.296-303.

田嶌誠一　（1995）．密室カウンセリングよどこへゆく　教育と医学, **43**（5），26-33.

滝川一廣　（1998）．精神療法とはなにか　治療のテルモピュライ　星和書店　pp.37-79.

山中康裕　（2000）．こころに添う　金剛出版

コラム1 心理療法と薬物療法

　初回面接かそれに続く何回かの面接において，心理療法だけではなく薬物療法が必要であると判断することがあります。それは，精神医学的な知識に基づいて，症状の重さ，苦痛の大きさ，日常生活への支障などから判断します。不安，抑うつ，強迫症状，睡眠障害，PTSDに見られるフラッシュバックなどの侵入症状は，本人にとって耐えがたく苦痛であることが多いので，「少しでもその苦痛を減らすことができたら，毎日の生活が楽になりますね」と話します。そして，症状を緩和するために薬物療法を受けることにクライエントが同意したら，精神科（または心療内科）を紹介します。

　しかし実際には，このことは非常に繊細さを必要とする問題です。思春期・青年期の人は，自分が精神科にかかる必要のある病気であると認めたくない場合が多く，まず，精神的な病気であることを受けいれることに抵抗を示します。客観的に見れば，精神疾患と認められる程度の重い抑うつ状態であっても，本人は気持ちの持ち方や自己流の治療法で解決したいと思っている場合があります。したがって，精神科においても診断名を安易に告げることは望ましくなく，また，それは治療的に見ればマイナスの効果しかもたらさないことが多いと思います。思春期の人が精神科医の診察で「うつ病」と言われてショックを受け，二度と行きたくないと思ったということも聞きます。精神科医にも，繊細な配慮が望まれます。診断名でラベリングするのではなく，一つ一つの具体的な症状や問題に対して，どのような薬物療法や日常生活上の工夫が有効であるかを伝えることが大切です。

　抑うつ状態で苦しんでいる人には，「気分が沈んで苦しいですね。その気分が少しでも楽になればいいですね」と，あくまでも苦しみに共感しながら，薬物療法の選択肢もあることを伝えます。本人が納得しない場合には，しばらく症状の変遷を見て，苦しみが続くようであれば，また薬物療法についても話し合うというように気長に対応します。あくまでも心理療法において信頼関係を深めながら，「あなたの苦しみを思って言っている」ということが，本人に伝わらなければ，本人の気持ちは変わりようがありません。本人が治療者のすすめを受けいれて薬物療法を受けてみようかと考えるには，治療者への信頼が不可欠です。たとえ客観的に見れば薬物療法が必要な場合でも，本人の抵抗が強いのに無理やり薬物療法を受けさせても，効果は見られないでしょう。本人との信頼関係がなによりも重要です。

　また，精神科で受診することへの不安と抵抗は，一般に強いということを忘れてはいけません。そのため，まず精神疾患は，だれでもなりうるものだということを伝える必要があります。たとえば「うつ病はこころの風邪のようなも

のと言われ，ストレスの多い社会ではだれもがなる可能性のある病気です」というように。また，精神科の治療薬は身体疾患の薬とは異なり特別な危険性をもつのではないかという恐れをもっている場合があるので，「高熱がある時，確かにそのまま放っておいても自然に熱は下がるけれども，その間に本人の体力が弱まり，衰弱が激しくなったり合併症を併発したりする危険もありますね。解熱剤をのむことで，体力の消耗を防ぎ，すっと熱がひいて回復への助けになることが多いですね。精神的な症状も体の病気と同じように考えて下さい。風邪をひいた時に風邪薬をのむのと同じことですよ」というように，体の病気にたとえて説明すると効果的だと思います。

　また，薬に依存してしまって，ずっと服用しなければならなくなるのではないかという不安から抵抗を示す場合もあります。その場合は，一時的に助けてもらっても，回復すれば服用を徐々に減らしていき，やめることもできることを伝えると，安心してもらえます。

　本人ではなく家族が精神科受診に抵抗を示したり，薬物療法に強い不安を抱く場合があります。そのため本人にそのような考えを吹き込み，本人の抵抗を強めている場合があります。この場合には，家族に対してもていねいに説明し，本人の不安をあおるような言動は慎むようにお願いします。風邪でも，休養，栄養，家族の協力，静養できる静かな環境などが治癒に必要なように，家族も本人も，治療に役立つことのために，同じ方向で努力しなければ効果は望めません。

　最近は著効のある新薬がたくさん開発され，副作用も少なく症状の緩和に役立つものがふえてきました。完全主義の人，他人への不信感の強い人は，薬物療法が効きにくいことが多いのですが，自力主義に陥らず，長い人生の中で，時には薬の助けを借り，人の助けを借りる時期があっていいのだと，ゆったりとした心構えで生きていけるように支えていきます。一方，薬だけに全面的に頼るのではなく，日常生活の工夫，生活リズムの調整，自分でできる気晴らしやストレス解消法など，自分で工夫できることに関しては努力し，主体的に治療に取り組む姿勢が重要です。

　現実問題として，医師に紹介する以上，信頼できる医師の存在が不可欠です。紹介した医師がよくなかったと言われると，治療がかえって停滞してしまいます。信頼できる医師とのネットワークを築いていくことも，臨床心理士に求められることでしょう。医師の評判は，他の臨床心理士が紹介した経験を聞いて参考にしたり，他のクライエントが面接中に語る担当医師への評価から推し測られることもあります。それらの情報と，そのクライエントに合うかどうかも考慮して，総合的に判断して紹介します。クライエントによる医師への評価には，主観的な偏りが入っている可能性もありますが，複数のクライエントが良

い評価をしている場合には，やはり力のある医師であることが多いように思います。いわゆる著名人が必ずしも名医ではないことを，心に留めておくといいでしょう。精神科医の中井久夫氏は，良き治療者の条件は若くて無名であることだと言っておられます。

　また，紹介状を書く場合，症状の記載にとどめ，クライエントが面接場面で語った内面的な問題に関しては秘密を守ることが原則だと思います。

　クライエントが未成年である場合には，親に説明してクリニックに連れて行ってもらいますが，親子関係が悪くて子どもが親と行くことを望まない場合や，親と子だけで行くのは不安と抵抗が強い場合には，セラピストがいっしょについて行くこともあります。

　クライエントには症状自体がもたらす苦痛と同時に，やりたいと望んでいることがあるのに症状に妨げられてできないという苦しみもあります。その苦しみに配慮し，少しでも苦しみを緩和し本人の望む生活が送れるように，援助していきます。そのための支えとして，心理療法があり薬物療法があるのだと思います。病気だけを見て治療するのではなく，本人の生活全体を見る視点を忘れてはいけません。

心理アセスメント

1. 心理アセスメントとは

[1] 心理アセスメントと診断

　心理アセスメント（心理査定）は，クライエントに対する心理学的処遇がうまくなされるための基礎的な資料を得る目的で行なわれます。医学用語である「診断（diagnosis）」を起源としていますが，「診断」を超える意味で，アメリカの臨床心理学者コーチン（Korchin, 1976）が使い始めました。医学的な診断において重視される情報は，基本的に患者の病的，不適応的な部分に限られてしまいます。また，診断をすることは，社会的なレッテル貼りにつながる危険性をはらむのは事実です。しかし，心に問題を抱えた人を援助するとき，医学的に見て病的，不適応的な部分はもちろんのこと，その人を正しく理解し，どのような援助が必要なのかを検討することは当たり前のことです。特に，スクールカウンセリングにおいてかかわることが多い限局性学習症や注意欠如・多動症，自閉スペクトラム症など神経発達症群の子どもたちの支援に際しては，正しい医学的診断が不可欠です。診断することに伴う危険性を認識しつつ，クライエントにとって役に立ち，治療に結びつくような診断を行なうことが大切です。そうしたことからも，臨床心理学においては，「診断」という医学用語を避けて，クライエントの病的，不適応的な部分だけでなく，健康的な部分やうまくいっている部分も併せて評価することを目指して，「診断」に代わる「心理アセスメント」という用語を使用するようになりました。心理アセスメント

38　第4章　心理アセスメント

は異常を発見するための手段ではなく，あくまでもクライエントの可能性をさ
ぐるために行なわれるものです。

［2］心理アセスメントの進め方

　心理アセスメントは，受理面接（インテーク面接），行動観察，心理検査，
第三者（母親や学校関係者）からの情報，医師の診察・医学的検査の結果など
から得られた情報をもとに行なわれます。この際，情報を単に寄せ集めるので
はなく，いろいろな情報を組み立て，推測し，再構成させることが必要になり
ます。このアセスメントの手続きを通して，クライエントに対する治療プログ
ラムが決定され，治療面接が開始されていきます。ただし，アセスメントの一
番最初の受理面接が治療面接的な意味合いをもつこともあり，アセスメントと
治療面接を明確に区分することは不可能です。また，最初のアセスメントが唯
一絶対的に正しいものではありません。不明な点がある場合は留保しておき，
経過の中で明らかにしていったり，常に変更や修正を加えていきます。アセス
メントは経過に即して継続的に行なっていくものなのです。

［3］アセスメントを行なう際の留意点

　アセスメントを行なう際，特に心理検査を行なう場合は，開始前に必ず検査
を行なう目的，内容，結果の扱い方をクライエント（クライエントが子どもの
場合は保護者）に説明して，同意を得るというインフォームド・コンセントを
行なう必要があります。アセスメントに際しては，心理検査をうまく取り入れ
た方が，クライエント，治療者双方にとってはるかに効率的です。一種類の検
査では的確に評価することが難しい場合もあり，そのような場合には複数の検
査を組み合わせて実施します。たとえば知能検査と性格検査，あるいは質問紙
形式の性格検査と投映法形式の性格検査というようなテスト・バッテリー（心
理検査の組合せ）が考えられます。テスト・バッテリーを組むことで，より信
頼性の高い情報が得られ，多面的にクライエントを理解することが可能になり
ます。しかし，「何か発見できるかもしれないので一応，一通りやっておこう」
という安易な気持ちでいくつもの心理検査を行なうことは禁物です。心理検査
はクライエントにとって，侵襲（しんしゅう）的なものであり，心に負担がかかるものです。

また，やり方がまずければ，その後の治療面接に悪影響を及ぼしかねません。心理検査を実施する際には，狙いや意図をはっきりさせて，必要最少の検査を選択をすることが必要です。

　アセスメントの結果は，インフォームド・コンセントの延長線上で，クライエントにわかりやすく説明をします。誠実に丁寧に説明することは当然ですが，この時あまり深く説明しすぎないことが大切です。多くの情報，深い情報を受けとめる力がクライエントに備わっていない場合，かえって混乱させる事態を招いてしまうからです。そして，必ずクライエントの肯定的な面を含めてバランスよく説明すること，その結果がクライエント自身にとって適応状態に向けた改善のための手がかりとなるように説明することなどの配慮が必要になります。

2. 診断の枠組みとしての DSM

　これまで心の病を分類したり診断する際は，病因に着目して，①身体的な疾患によって脳機能が障害され，それが原因となって精神的な異常をきたす「外因性精神障害」：症状精神病・中毒性精神病，②素質や遺伝などが関与していると想定されているものの，実は原因がよくわかっていない「内因性精神障害」：統合失調症・躁うつ病，③環境的要因や心理的要因によって，葛藤状況が強まり，そこで生じた不安にうまく対処できないことから生じる「心因性精神障害」：神経症・心因反応，の３つに分類されてきました。

　しかし，統合失調症をはじめとする心の病の病因は未だ確定されていないのが実情です。また，アメリカ精神医学会（American Psychiatric Association）の DSM（Diagnostic and Statistical Manual of Mental Disorder「精神疾患の分類と診断の手引き」）が発表されるまでは，心の病の疾病概念や診断基準は，文化圏によって異なっていたり，時代によって変遷し，国際的に通用するような明確なものではありませんでした。個々の医師が，自分の傾倒する学派の理論をもとに診断をくだし，時に主観的になったり，偏りのある判断に陥っていました。そのため，疾病の発生率の年代変化や地域差などを検討しようとしても，統計的なデータそのものの信頼性が低く，厳密な比較を行なうことができ

40 第4章 心理アセスメント

ませんでした。そこで，病因や特定の学派の理論にとらわれず，なるべく幅広く使用できるように，表面に現れた状態・症状を記述することによって診断を行なう DSM が，アメリカ精神医学会によって考案されることになりました。

　DSM が世界共通の精神疾患の診断基準として広く利用されるようになったのは，1980 年に発表された DSM-Ⅲ からで，これ以降，診断基準となるリスト項目が具体的に記述され，リストにあげられている項目に一定数以上あてはまった場合に，その疾患だと診断されるカテゴリー診断が用いられるようになりました。これによって，診断の基準や手続きが明確になり，診断する医師の主観や恣意の入る余地が減少し，安定した公共性のある診断が可能になりました。さらに，DSM-Ⅲ 以降は多軸診断システムが採用され，クライエントの臨床症状だけでなく，人格的要因，身体的要因，社会環境的要因などを見る座標軸が用意され，クライエントを多面的に理解することを可能にしました。その後 DSM-Ⅲ-R，DSM-Ⅳ，DSM-Ⅳ-TR が発表されたものの大幅な改訂はなされていませんでしたが，カテゴリー診断が固定化しすぎ，「特定不能の（not otherwise specified）」診断が多くなってしまったことや，均一で同質な精神症状をもつ患者集団やリスク因子の同定が難しくなったという反省から，2013 年に全面改定がなされ DSM-5 が発表されるに至りました。DSM-5 では，多軸診断システムが廃止され，さまざまな精神疾患の重複や病態の変遷，重症度のレベルについての判断を求められるようになりました。とりわけ重症度に関しては，基盤に多元的なスペクトラム（連続体）を想定し，そのうえでパーセント表示によって重症度を表わそうとする多元的（ディメンション）診断が導入されています。多軸診断システムは形式的には廃止されていますが，臨床症状の中に人格的要因と身体的要因を含めて併記する，社会環境的要因は WHO（世界保健機構）が作成した ICD-CM コード（ICD：国際疾病分類 International Classification of Disease，CM：Clinical Modification）を利用するなど，別の形に変更されて多軸診断システムのアイディアは活かされています。

3. 神経発達症群の心理検査

　神経発達症群の子どもに対しては，学習や行動上の問題の背景に存在する認

知能力の特性を理解することが不可欠です。そのため複数の下位検査で構成され，多面的に認知能力を測定することができる WISC-Ⅳ，K-ABC などの個別式の知能検査が第一に選択されます。これらの検査は下位検査をすべて実施すると 60 〜 90 分くらいの時間を要しますが，子どもが過度に疲労したり集中力が著しく低下したりしないように注意をはらいつつも，なるべく 1 回で終わらせることが望ましいでしょう。また，検査は通常子どもと検査者の一対一の状況で行ないますが，母子分離が難しい場合や親子の相互関係を観察したい場合，保護者に見てもらう方が子どもの特性について理解してもらいやすい場合などには保護者に同席してもらうこともあります。どのような心理検査においても検査に入る前には，被検査者との間でラポール（信頼関係）を築いておきます。特に子どもが対象の場合，ラポールを形成して緊張や不安を取り除いておかないと，結果に影響が生じてしまいます。そのため少しおしゃべりをしたり，遊んでから検査に入るなどの工夫が必要です。

[1] WISC-Ⅳ

WISC-Ⅳ（Wechsler Intelligence Scale for Children-Forth Edition）は，ウェクスラーが開発した児童用の個別式知能検査 WISC の第 4 版です。適用年齢は 5 歳 0 ヵ月月から 16 歳 11 ヵ月です。10 の基本検査（積木模様・類似・数唱・絵の概念・符号・単語・語音整列・行列推理・理解・記号探し）と 5 つの補助検査（絵の完成・絵の抹消・知識・算数・語の推理）で構成されています。合成得点（全検査 IQ と 4 つの指標）を算出するためには，基本検査をすべて実施する必要があります。

WISC-Ⅳでは，WISC-Ⅲまで使用されてきた言語性 IQ と動作性 IQ が廃止され，全般的な知的発達を表わす FSIQ(Full Scale IQ) に統合されました。また，WISC-Ⅲで導入された群指数は指標得点と改称され，「言語理解指標（Verbal Comprehension Index：VCI）」と「処理速度指標（Processing Speed Index：PSI）」は WISC-Ⅳに継承されましたが，流動性推理とワーキングメモリーの測定を強化するため「知覚統合（PO）」は「知覚推理指標（Perceptual Reasoning Index：PRI）に，「注意記憶（FD）」は「ワーキングメモリー指標（Working Memory Index：WMI）に改訂されました。それに伴い，4 つの指

標に属する下位検査の見直しが行われました。WISC-Ⅳにおけるこうした修正は，各指標に属する下位検査の構成および各合成得点によって評価される認知能力を正確に反映することを意図して行われています。なお，臨床的な判断や解釈にあたっては，これまで使用してきた言語性 IQ と動作性 IQ の代わりにそれぞれ言語性理解指標（VCI）と知覚推理指標（PRI）を使用します。

　表4-1 に各指標によって評価される能力，各指標を構成する下位検査を示します。5 つの合成得点は，すべて統計的な手続きで換算された偏差 IQ で，いずれも平均が100，標準偏差が 15 になるように設定されています。FSIQ や各指標の合成得点，各指標の合成得点の差を解釈したり，各指標得点や各下位検査の得点をプロフィールにしてその特徴を見ていくことによって，子どもの知的発達の水準や特徴，個人内差を詳細に把握することが可能になります。そうしたことが，より具体的な支援・対応につながっていきます。

表4-1　WISC-Ⅳの４つの指標で評価する能力

4つの指標	構成する下位尺度	評価する能力
言語理解（VCI）	類似・単語・理解・（知識）・（語の推移）	語彙の豊かさ，習得知識，言葉による推理力
知覚推理（PRI）	積木模様・絵の概念・行列推理・（絵の完成）	流動性推理，視覚情報処理
ワーキングメモリー（WMI）	数唱・語音整列・（算数）	注意，集中，聴覚情報の選別・保持と処理
処理速度（PSI）	符号・記号探し・（絵の抹消）	認知処理および描写処理のスピード

（　）内は補助検査

[2] K-ABC 心理・教育アセスメントバッテリー

　K-ABC（Kaufman Assessment Battery for Children）は，アメリカのカウフマン博士夫妻（Kaufman, A. S., & Kaufman, N. L.）によって作成された個別式知能検査です。日本版 K-ABC は適用年齢が 2 歳 6 ヵ月から 12 歳 11 ヵ月で，14種類の下位検査（継次処理 3 種類：手の動作・数唱・語の配列，同時処理 6 種類：魔法の窓・顔さがし・絵の統合・模様の構成・視覚類推・位置さがし，習得度 5 種類：表現ごい・算数・なぞなぞ・ことばの読み・文の理解）で構成さ

れています。年齢に応じて 6 〜 11 種類の下位検査を行ない，継次処理尺度と同時処理尺度，それらの 2 つを合わせた認知処理過程尺度，習得度尺度を分析することによって子どもの課題解決の特徴を理解していきます。なお，継次処理とは，与えられた情報を時間系列に従って 1 つずつ順番に処理していく課題解決法のことで，同時処理とは，同時に与えられた多くの情報を空間的全体的に統合して処理することによって課題を解決する方法のことです。この継次処理と同時処理の能力の差から，どちらの処理能力が優れているかが明らかになり，子どもの課題解決の特徴を把握することが可能になります。子どもの課題解決の特徴と併せて，習得度尺度によって日常生活や教科学習の中で得られた知識や技能の獲得の程度を測定することによって，ひとりひとりの子どもの特徴に適した教育的支援の方向性を得ることができるというのが，K-ABC の最大の特色といえるでしょう。

[3] WISC-Ⅳの実際―A 君の事例―

最後に，事例を通して，WISC-Ⅳの結果と解釈，結果の活かし方を見ていきます。

1) A 君の事例　小学校 4 年生の A 君は，友達とのトラブルが絶えない。授業中も自分勝手な行動や発言が多く，なかなか課題に集中して取り組めない。学校や家でどのような指導や対応をしていったらよいかということで，筆者がかかわっている相談室に母子で相談にきて，そこで WISC-Ⅳを実施しました。

2) 検査時の様子　検査を開始する前に，少し会話をしましたが，視線はきちんと合い，疎通も良好でした。最初の『積木模様』では「こんなの簡単」「もっと難しい問題がやりたい」など，少し勝手な発言が目立ち，後半になると，若干集中力が低下しましたが，大きな逸脱行動はありませんでした。

言語性の課題においては，少し考えてわからないと「わからん」とあっさり投げ出してしまうことがあったり，簡単にワンフレーズで答えることが多く，詳しく説明するように求めても同じ答えを繰り返したり，自分勝手なトンチンカンな内容にそれていってしまうことがたびたび見られました。また，全体的に語彙が乏しく，説明不足が目立ちました。

動作性の課題『符号』や『記号探し』では，集中して取り組み誤解答はない

44　第4章　心理アセスメント

ものの，処理速度が遅く，作業量は少なめでした。

3）WISC-Ⅳの結果から考えられる支援のあり方　　FSIQ は 81 で，知的レベルは「平均の下」の水準です。4 つの指標得点においては，VCI(74)・WMI(82)・PSI(83) ＜ PRI(100) で，15％水準で有意差がありました。視覚的な情報（形の操作や空間的な情報）の処理能力は平均的な力をもっていますが，言語理解が極端に低く，聴覚的な情報の処理が苦手で，言葉の意味を理解したり，操作することが不得意な子だと考えられます。尋ねられたことの意味を正しく理解して筋道立てて話したり，文章を作ったりすることが難しく，抽象的な内容の意味理解に問題があることが推測されます。また，イメージや意味づけしにくい視覚的な記憶も苦手なようです（表 4-2）。

こうした A 君には，聴覚よりも視覚に訴える働きかけをするのが効果的でしょう。言葉による指示だけではなかなか通りにくいと思われますが，その際具体物や絵・図を見せながら指示をすれば，A 君も理解がしやすいはずです。

表4-2a　評価点合計から合成得点への換算

	評価点合計	合成得点	パーセンタイル	信頼区間 (90%) 95%
全検査（FSIQ）	75	81	10	77-87
言語理解（VCI）	17	74	4	70-84
知覚推理（PRI）	30	100	50	93-107
ワーキングメモリー（WMI）	14	82	12	77-90
処理速度（PSI）	14	83	13	77-93

表4-2b　下位検査の評価点

指標						PRI				WMI			PSI		
下位検査	類似	単語	理解	知識	語の推理	積木模様	絵の概念	行列推理	絵の完成	数唱	語音整列	算数	符号	記号探し	絵の抹消
	6	3	8			10	11	9		7	7		6	8	

また，A君が言語より動作レベルの処理能力が高いということも，支援に役立つ情報です。できるだけ体験を通して覚えさせるように工夫をすれば，A君は力を発揮できる可能性があることを示しているからです。言語で指示をする際は，優しい言葉で簡潔に，ゆっくり，はっきり，繰り返し伝えることが大切です。

文　　献

American Psychiatric Association　（2013）．*Diagnostic statistical manual of mental disorders 5th edition.* Washington, DC: American Psychiatric Association.　高橋三郎・大野　裕(監訳)　（2014）．DSM-5 精神疾患の分類と診断の手引　医学書院

東原文子　（2007）．B-3　心理学検査法演習：K-ABC　上野一彦・竹田契一・下司昌一（監修）　特別支援教育の理論と実践　Ⅰ概論・アセスメント　金剛出版

神谷栄治　（2000）．診断と見立ての枠組み─DSMとICDをめぐって─　氏原　寛・成田善弘（編）　臨床心理学2　診断と見立て〔心理アセスメント〕　培風館

川畑　隆　（2005）．発達相談と発達検査　川畑　隆・菅野道英・大島　剛・宮井研治・笹川宏樹　発達相談と援助─新版K式発達検査2001を用いた心理臨床　ミネルヴァ書房

松田　修　（2013）．日本版WISC-Ⅳの理解と活用　日本教育心理学年報, **52**, 238-243.

Korchin, S. J.　（1976）．*Modern clinical psychology.* New York: Basic Books.　村瀬孝雄（訳）（1980）．現代臨床心理学　弘文堂　p.166.

日本K-ABCアセスメント研究会（編）（2003）．K-ABC心理・教育アセスメントバッテリー初級テキスト

日本版WISC-Ⅳ刊行委員会　（2010）．WISC-Ⅳ知能検査　日本文化科学社

子どもの心身発達の障害とその対応

1. 発達の障害の概念

いわゆる大人（成人）になるまでの過程である胎児期・乳幼児期・児童期・思春期に現れてくる発達上の障害やハンディキャップは発達障害と総称されています。「発達障害（developmental disability）」という用語は 1970 年にアメリカ合衆国の公法にも見出されるとされていて（幸田, 1989），そこでは，発達障害は表 5-1 のような意味をもつ概念とされています。

表 5-1　1970 年のアメリカ公法の中の「発達障害」

①精神的障害あるいは身体障害をもつ者，または精神的障害と身体障害を併せもつ者
②22 歳以前に障害が出現している者
③将来とも障害が続くと思われる者
④以下のような生活能力のうち，3 つあるいはそれ以上の項目に機能上重大な制限のある者
　　生活能力の具体的内容：身辺自立，受容性言語および表出言語，学習能力，移動能力，
　　　　　　　　　　　　　自己統制，生活の自立，経済的自立
⑤特別の領域や 2 つ以上の領域にわたる，総合的処置や療育，個別に調査・計画されたサービスを生涯あるいは長期にわたり必要とする者

アメリカ精神医学会が発行している精神疾患の診断統計マニュアルである DSM-5 では，「一般に小児期または青年期に最初に診断される疾患」との項があります。これは成人期以前に診断される疾患ということであり，従来の概念でいう発達障害のことを意味しています。

わが国では，文部科学省は長い間，心身障害児の教育という言葉を使ってきましたが，現在では特別支援教育という用語に代わってきています。特別支援

48　第5章　子どもの心身発達の障害とその対応

表 5-2　文部科学省の特別支援教育における「それぞれの障害に配慮した教育」の中で取り上げられている障害とその定義（文部科学省ホームページ「特別支援教育に関すること」より）

①**視覚障害**：視力や視野などの視機能が十分でないために，全く見えなかったり，見えにくかったりする状態

②**聴覚障害**：身の回りの音や話し言葉が聞こえにくかったり，ほとんど聞こえなかったりする状態

③**知的障害**：記憶，推理，判断などの知的機能の発達に有意な遅れがみられ，社会生活などへの適応が難しい状態

④**肢体不自由**：身体の動きに関する器官が，病気やけがで損なわれ，歩行や筆記などの日常生活動作が困難な状態。

⑤**病弱・身体虚弱**：病弱とは，慢性疾患等のために継続して医療や生活規制を必要とする状態。身体虚弱とは，病気にかかりやすいため継続して生活規制を必要とする状態。

⑥**言語障害**：発音が不明瞭であったり，話し言葉のリズムがスムーズでなかったりするため，話し言葉によるコミュニケーションが円滑に進まない状況であること，また，そのため本人が引け目を感じるなど社会生活上不都合な状態であること。

⑦**自閉症・情緒障害**：自閉症とは，3歳位までに現れ，①他人との社会的関係の形成の困難さ，②言語の発達の遅れ，③興味や関心が狭く，特定のものにこだわることを特徴とする行動の障害であり，中枢神経系に何らかの要因による機能不全があると推察される状態。情緒障害は情緒の現れ方が偏っていたり，その現れ方が激しかったりする状態を，自分の意志ではコントロールできないことが継続し，学校生活や社会生活に支障となる状態。

⑧**LD，ADHD**：LD（学習障害）とは，知的発達の遅れは見られないが，聞く，話す，読む，書く，計算する又は推論する能力のうち特定の能力に著しい困難を示すもの。また，ADHD（注意欠陥／多動性障害）とは，年齢あるいは発達段階に不釣り合いな注意力及び／又は衝動性，多動性を特徴とする行動の障害で，社会的な活動や学業の機能に支障をきたしている状態。両者とも脳などの中枢神経系に何らかの機能障害があると推測され，発達障害に分類される。

表 5-3　主な障害と障害に配慮した教育（学校・学級）

障　害	学　校	学　級
視覚障害	特別支援学校（視覚障害）／旧の盲学校	弱視特別支援学級・弱視通級指導教室
聴覚障害	特別支援学校（聴覚障害）／旧の聾学校	難聴特別支援学級・難聴通級指導教室
知的障害	特別支援学校（知的障害）／旧の養護学校	知的障害特別支援学級
肢体不自由	特別支援学校（肢体不自由）／旧の養護学校	肢体不自由特別支援学級
病弱・身体虚弱	特別支援学校（病弱）／旧の養護学校	病弱・身体虚弱特別支援学級
言語障害		言語障害特別支援学級・言語障害通級指導教室
自閉症・情緒障害		自閉症・情緒障害特別支援学級，自閉症・情緒障害通級指導教室
LD，ADHD		通常学級，通級教室

教育の種類について，視覚障害，聴覚障害，知的障害，肢体不自由，病弱・身体虚弱，言語障害，自閉症・情緒障害と区分してきています。この区分は平成29年現在でも使用されています（表5-2参照）。また，それぞれの障害に配慮した教育システムについては表5-3に示しました。

平成16年度から特別支援教育が始まり，従来の心身障害児の教育に加え，それまで教育としての支援が十分とはいえなかった知的発達の遅れを伴わない普通学級に在籍している文部科学省の用語でいうLD（学習障害）・ADHD（注意欠陥／多動性障害）・高機能自閉症・アスペルガー症候群等の子どもへの教育的支援が行なわれるようになりました。なお，これらの名称についてDSM-5では以下のように記しています。順に，限局性学習症，注意欠如・多動症／注意欠如・多動性障害，自閉スペクトラム症／自閉症スペクトラム障害となります。

当初はこれらの子どもたちは「軽度発達障害」と呼ばれていました。しかし平成19年3月15日付けで文部科学省初等中等教育局特別支援教育課より，「軽度発達障害」との表記はその意味する範囲が必ずしも明確ではない等の理由から今後使用せず，原則として「発達障害」と表記する旨の通達が出されました。「発達障害」と表記しますと，当初「軽度発達障害」とほぼ同様の意味とされていた「LD，ADHD，高機能自閉症等」より広い概念となります。その点についても同課では，「発達障害」の範囲は広くなり，高機能以外の自閉症全般を含むものとなりますが，高機能以外の自閉症児については，以前から，また今後とも特別支援教育の対象であることに変化はないと断っています。このように「軽度発達障害」という用語は登場から3年ほどで使用されなくなりました。

2. 発達期に現れる主な障害

ここでは現行の特別支援教育の対象となっている障害や疾患について表5-2の順に説明していくことにします。なお，学習障害，ADHD，自閉スペクトラム症に対する発達支援については第6章に詳しく述べられているので参照して下さい。

［1］ 視覚障害

　視覚障害は眼鏡等の手段によって視力を矯正しても，視力障害や視野狭窄がある水準以上に回復しない状態をいいます。視力障害，色覚異常，視野異常に大別することができます。視力障害は眼鏡等を使用した矯正視力の状況によって，両眼の矯正視力が0.02未満の盲と，0.02以上0.04未満の準盲，0.04以上0.3未満の弱視とに分けられています。ちなみに，裸眼の視力がどんなに低くても，眼鏡を使用するなど矯正すれば視力が回復する場合は，視力障害には含まれません。弱視の場合は，拡大文字教材，テレビ画面に文字などを大きく映して見る機器を使うなど教材・教具や学習環境の工夫も行なわれています。色覚異常には全色盲や赤緑色盲などがあります。視野狭窄などの視野の異常は，およそ両眼の視野が2分の1以上欠けている場合から障害としての等級が認定されています。

［2］ 聴覚障害

　聴覚障害は音を聞くことが困難あるいは不可能な状態のことです。まったく聴力を失っている，もしくは聴力損失が90デシベル[1]以上の場合を強度難聴（ほとんど音を聞き取ることができない），90デシベル未満70デシベル以上を高度難聴（耳に接しなければ大きな声も理解できない），70デシベル未満50デシベル以上を中度難聴（電話での会話が不自由），50デシベル未満30デシベル以上の軽度難聴（会話などの聞き取りが少し困難）とに分けられています。ちなみに木の葉のふれあう音は20デシベル，普通の会話は60デシベル，電車の車内が80デシベル，電車通過中のガード下が100デシベル，飛行機のエンジン音が120デシベルです。現在は聴力障害に対して，0歳代から聴能訓練が積極的に行なわれています。

［3］ 知的障害

　知的障害は，日常的な言葉でいうと「知恵遅れの人（子ども）」のことです。「精神発達遅滞」という表記が使われることもありますが，今日では「知的障

1　一般的に耳で聞こえる音の大きさはデシベル（dB）で測定されます。人間が聞き取ることができる一番弱い音が0dBとなり，10dB増すごとに，聞こえる音の大きさは約2倍となります。

2. 発達期に現れる主な障害　　*51*

表 5-4　知的障害の主な要因

遺伝によるもの（約 5 ％）[2]：単一遺伝子異常（結節硬化症など），常染色体劣性遺伝による先天性の代謝異常（Tay-Sachs 病など），染色体異常（脆弱 X 症候群，転座型ダウン症候群[3]など）
早期胚発達異常（約 30 ％）：染色体の突発的な変化（21 トリソミーによるダウン症候群）[3]，毒物や化学薬品や放射線等によるもの（胎児性アルコール症候群，原爆小頭症など）
妊娠期や周産期の母体や胎児の要因（約 10 ％）：早産（未熟児），出産異常，仮死産（出産時の胎児の酸素欠乏），母体のウィルス等の感染症，母体の外傷，母体の栄養失調（胎児の栄養障害）など
乳幼児期・小児期の疾患など（約 5 ％）：感染症，外傷，毒物の摂取，中毒症など
心理社会的要因（約 15 ～ 20 ％）：不適切な養育（ネグレクトなど），文化的剥奪，刺激の剥奪や精神疾患など

害」という表記が多く使われます。定義としては以下の 3 つに該当する場合をいいます。

①18 歳未満（成人になる前）に発症している，②明らかに平均以下の知的機能（およそ IQ = 70 以下）であり，③かつ適応機能の障害がある状態，をいうのです。つまり，記憶，推理，判断などの知的機能の発達に遅れがみられ，かつ社会生活などの適応に困難がある状態です。知的機能の障害の重さにより，軽度（IQ = 50 ～ 55 から約 70 まで），中度（IQ = 35 ～ 40 から 50 ～ 55），重度（IQ = 20 ～ 25 から 35 ～ 40），最重度（IQ = 20 ～ 25 以下）に分けられています。

知的障害の原因は不明であることが多いのですが，原因がわかっている場合は，生物学的要因や心理社会的要因，またはその両者の組み合わせによると考えられています。現在わかっている主な要因については，表 5-4 に示しました。

[4] 肢体不自由

肢体不自由とは，脳性麻痺，片麻痺，筋ジストロフィーなどの一般的な身体的疾患やけが等により，運動機能や姿勢の保持・動きのコントロールなどの機能が損なわれ，歩行などの移動運動や日常生活動作にさまざまな困難な制限がある状態をいいます。肢体不自由は運動機能の障害を中心とした身体障害であり，これがただちに知的障害を意味するものではありません（肢体不自由＋知

2　この割合は，知的障害全体の割合ではなく，原因がわかっている場合の中での比率です。
3　ダウン症候群では染色体の突然変異による 21 トリソミーの方が転座型よりも多いのです。

52　第5章　子どもの心身発達の障害とその対応

的障害という重複障害である場合を除きます）。

［5］病弱・身体虚弱

　病弱とは慢性疾患等のために継続して医療や生活規制を必要とする状態を，身体虚弱とは，病気にかかりやすいため継続して生活規制を必要とする状態をいいます。両方を併せて虚弱児と呼ばれていたこともあります。病院に入院する必要がある場合は，病院に併設された特別支援学校や院内学級に通学して学習します。退院後も種々の理由により学区の学校に通学することが困難な場合は病院に隣接して設置され，病棟とは異なる入所施設をもっている特別支援学校で学習する場合もあります。このような子どもは健常児と病弱・身体虚弱であること以外は相違がないので，通常の小・中学校とほぼ同じ教科学習を行なっています。身体面の健康維持や病気に対する不安等のメンタル面の学習も取り入れられています。また，医療の進歩に伴い，虚弱児を対象とした施設は減少傾向にあります。

［6］言語障害

　言語障害とは，発音が不明瞭であったり，話し言葉のリズムがスムーズでなかったりするため，話し言葉によるコミュニケーションが円滑に進まない状況であることや，そのために本人が引け目を感じるなど社会生活上不都合な状態が生じていることをいいます。

　日本語に含まれている発音（構音という）については，マ行やナ行のように発音しやすいものからサ行のように発音しにくいものまであるのですが，おおよそ就学までにはすべての音の発音が可能となっていくものです。逆に就学年齢に達しても発音できない音がある場合は専門家による言語治療などが必要になることがあります。

　言語障害への教育的な対応は，通常学級に在籍しつつ，言語障害通級指導教室や言語障害特別支援学級などでの個別指導が中心となります。

次ページ4　文部科学省と厚生労働省では「情緒障害」の概念が異なっています。たとえば児童福祉施設の中に「情緒障害児短期治療施設」があります。ここで使われている「情緒障害」は発達障害である自閉スペクトラム症は除外されています。

[7] 情緒障害

　情緒障害は，文部科学省の使用している概念[4]によると，発達障害である自閉症児（自閉スペクトラム症）と心因性である選択性緘黙（場面緘黙といわれることもあります）の両方を含んでいます。情緒障害とは，情緒の現れ方が偏っていたり，その現れ方が激しかったりする状態を，自分の意志ではコントロールできないことが継続し，学校生活や社会生活に支障となる状態とされています。

　自閉スペクトラム症に対しては，主に自閉症・情緒障害特別支援学級や自閉症・情緒障害通級指導教室において，言語の理解と使用や場に応じた適切な行動ができるための指導が行なわれています。

　また心因性である選択性緘黙の子どもに対しては，安心できる雰囲気の中で情緒の安定のための指導が行なわれます。

[8] 限局性学習症（SLD, 学習障害, LD）及び注意欠如・多動症（ADHD）

　限局性学習症 SLD 又は LD（学習障害）とは，知的発達の遅れは見られないのですが，聞く，話す，読む，書く，計算する又は推論する能力のうち特定のものの習得と使用に著しい困難を示す状態のことであり，ADHD（注意欠如・多動症）とは，年齢あるいは発達に不釣り合いな注意力及び／又は欠如や衝動性，多動性を特徴とする行動の障害で，社会的な活動や学業の機能に支障をきたすものとされています。両者とも脳などの中枢神経系に何らかの機能不全があると推定されています。

　SLD や ADHD は現れる困難点に個人差があるので，ひとりひとりに応じた個別の支援計画を立てたり対応を考える必要があります。SLD や ADHD だけではなく自閉スペクトラム症も含めて，人間関係をうまく作ることができなかったり，対人関係上のトラブルが多く生じたりすることがよくあります。そのためにソーシャルスキルトレーニング[5]という社会生活を送るうえで必要と

5　たとえば，「挨拶をしましょう」ということでも，午前中は「おはよう」，午後は「こんにちは」などのように挨拶の言葉を時間帯によって変化させる必要があります。また，何かをして貰ったら「ありがとう」と言うことで，日常生活を円滑に過ごすことができます。このようなごく基本的な対人関係を円滑に行なうためのスキルのことをソーシャルスキルといいます。

54　第5章　子どもの心身発達の障害とその対応

なっていく基本的なスキルを身につけるための学習やストレスマネジメントと
呼ばれるストレスへのよりよい対応の仕方を学ぶ学習や感情表現の仕方などを
身につけるための積極的な働きかけが必要となっているのです。

［9］　自閉スペクトラム症

　いわゆる自閉症や自閉性障害は年代によって名称や診断基準が変遷してきて
います。自閉症を世界で初めて報告をしたアメリカのカナー（Kanner, 1943）
は最初の論文では「情緒的接触の自閉性障害」とし，後に「幼児自閉症」と呼
びました。また，カナーの発表の1年後にオーストリアのアスペルガー
（Asperger, 1944）が言語発達や知的発達に遅れがみられないが「共感性に乏し
く，他人との情緒的な交流をもつことが困難で，関心の幅は狭いが自分の関心
のある事柄には熱中する」ことを特徴とする症候群を報告しています。「アス
ペルガー障害」や「アスペルガータイプ」といわれているものは，このアスペ
ルガーの名前に由来しています。

　自閉スペクトラム症はアメリカ精神医学会が1980年に出したDSM-Ⅲ（改
訂されるごとにローマ数字が増えていきます。診断分類のためのマニュアルの
こと。最新のものは2013年に発行されたDSM-5）に照らして「広汎性発達障害」
と呼ばれるようになり，最新版のDSM-5では「自閉スペクトラム症（ASD）」
と記されています。広汎性と言われた意味は，能力ではなく，対人関係，言語，
情動発達，行動等の広汎な領域に発達の障害がみられることから名づけられて
いました。

　その特徴は，相互的な社会的対人関係における障害，意思伝達の障害および
常同的な行動，興味・関心の限局やこだわり，活動性の異常などです。発症は
3歳以前とされ，男子の方が女子より4〜5倍発生率が高いとされています。

［10］　発達の障害に対する理解を深めるために

　学校や教室で出会う可能性の高い，主な発達の障害について先に概説してき
ました。これらの子どもたちへの理解をさらに深めるために役立つ文献や映像

───────────
次ページ6　トム・クルーズは，自身，読字困難を主とするLDであると語っています。セリフは
　　　　　文字を読むのではなく，耳で聞いて覚えているそうです。

資料を紹介しておくことにします。

映画：映画としてはまず『レインマン』を紹介しましょう。これはトム・クルーズ[6]とダスティン・ホフマンの主演によるロードムービーです。ダスティン・ホフマンが大人の自閉スペクトラム症者（いわゆる高機能自閉症）を演じていますが，表情や視線の動きや話し方，歩き方から姿勢まで，どこから見ても「自閉症者」にみえるように見事に演じています。話し方のイントネーションや病理言語の特徴もほぼ忠実に再現しているかのように演じています。この話し方の特徴をつかむためにも是非字幕版で見ることをお勧めします。

また実在するアスペルガー障害同士の夫婦をモデルにした『モーツァルトとクジラ』もお薦めです。このタイトルは二人が出会ったハロウィーンのパーティで，お互いにモーツァルトとクジラの格好をしていたことに由来しています。これは DVD と書籍版の双方が発売されています。

書籍：発達障害の子どもに対するソーシャルスキルトレーニングや感情のコントロールを「修行する」という形で学ぶ番組として，NHK E テレの『スマイル』という番組があります。また，この番組の中でソーシャルスキルを子どもたちが修行として身につけ，ゲーム感覚で楽しく学ぶことができる内容となっています。放送済みの番組の主な内容については NHK のホームページからも見ることができます。

歴史上有名なあの人もこの人も発達障害であり，発達障害であったから「天才」と呼ばれるような偉大な仕事を成し遂げたと紹介している本が，正高（2004）の『天才はなぜ生まれるか』です。誰もが知っている 6 人の「天才」を紹介しています。正高によると，たとえばエジソンは「注意欠如・多動症」であり，アインシュタインは狭義の「学習障害」，ディズニーは「多動症」とされています。あのミッキーマウスはディズニー自身がモデルであったとも言われているのです。

また，発達障害の人ばかりではないのですが，ユニークな症状をもつ人たちを神経内科医のサックスが訪ねてインタビューした本として『火星の人類学者』（Sacks, 1995）があります。タイトルは，自閉スペクトラム症者であり，自身の体験についての著作も出版している動物学の研究者でもあるテンプル・グランディンの言葉を借りています。彼女は，自分は火星に降り立った人類学

者が行なうように，膨大な数の人間観察のファイルを作り，この時にはこれ，というようにそのファイルから選び出した行動をとっていると語っているのです。

　ノンフィクションではなく，ジュニア向けの小説として発表された作品である『夜中に犬に起こった奇妙な事件』（Haddon, 2003）の主人公は自閉スペクトラム症アスペルガータイプの少年です。この少年クリストファーが近所の飼い犬が殺された事件について探偵として犯人を捜しながら，その記録を書いていくという設定の小説です。この作品には，自閉スペクトラム症の人が感じていることや，どういうことで混乱するのか，世界をどのように見ているのかということが丁寧に描かれています。この本を読むことで，自閉スペクトラム症の人の気持ちに近づくことができるでしょう。

3. 発達の障害のある子どもへの対応の実際

　いわゆる発達の障害のある子どもに対して，対応する際に配慮する点について，以下に具体的にまとめておきました。

　①具体的に話しかけるようにしましょう。

　②刺激を与えてテンションを上げてしまわないように，なるべく低い音程でゆっくり話しかけるようにします（クールダウンを心がけるとよいでしょう）。また，大きな声を出さないように注意します。彼らは大声で話しかけられると，話の内容は叱ったり怒ったりしていなくても，声の印象だけで叱られていると受け取り，伝えたい内容が届いていないということが生じる可能性があります。

　③「ダメ！」等の否定的な言葉で叱らないようにします。具体例としては，「……してはダメでしょう」ではなく，「……しないよう気をつけてね」とやってほしい行動を具体的に伝達するようにします。

　④伝えたい内容はすべて言葉で表現するように気をつけます。以下に具体例を示します。

　　たとえば担任教師が生徒に「あとでお母さんに電話するからね」と伝えた場合，言外に，子どもが帰宅後，『先生が電話するって言っていた』とか『先生から電話来た？』とか『先生に叱られちゃった。それで家に電話するっ

て言ってたよ』などと保護者に電話があることを伝えるだろうとの期待が含まれています。しかし発達の障害のある子どもは『先生がお母さんに電話するって言った』の事実だけを受けとめがちです。つまり，先生が電話するのだから自分がわざわざそのことを言う必要はないと受け取ってしまいます。自分から話題にすることもあまりしません。もし家の人に伝えてほしいのならば，『先生からお母さんに電話するけど，○○さんからもお母さんに伝えておいて』や『家に帰ったら，先生が電話するって言ってたとお母さんに言ってね』などと具体的な内容について説明をした言葉かけをするとよいでしょう。

⑤因果関係を尋ねても適切に答えられないことが多いので，質問の仕方を工夫します。

　たとえば，「○○くんが君に叩かれたって言ってたけどどうして？」や「もめた原因は何？」と訊いても，因果関係を応えることは難しいのです。次のように尋ねた方が彼らには応えやすいでしょう。その出来事が含まれていると思われる時間帯の始めから順に話してもらうのです。
言葉かけの例：トラブルが掃除の時間帯に起こった場合，「掃除のために教室を出てから，掃除が終わって教室に戻ってくるまでに何があったのか順番に話してごらん」などです。

⑥たとえ話や比喩，ことわざは理解されにくく，字義通りに受け取られることもありうるので注意が必要です。たとえば，クラスの目標として掲げられた「みんな仲良く」との言葉に「みんなって誰？　クラス全員と放課の時間に遊ばないといけないの！　どうしよう」と混乱してしまった子どもも実際にいたのです。

⑦予定の変更は必ず事前に伝えるようにしましょう。その際に，変更点だけではなく，変更後どうなるのかについても伝えておくようにしましょう。

　たとえば，4時間目の国語を運動会の練習のため体育に変更したとしましょう。健常児は，この説明を聞くと，1～3限と5限目以降は変更がないんだなと推測できます。しかし発達の障害のある子どもの中にはこのような言外のメッセージを読み取ることができずに混乱する場合があるのです。4限は体育にかわったけれどもその後の時間割がどうなるのかが，わ

58 第5章 子どもの心身発達の障害とその対応

からなくなります。さらにそのことを適切に質問することもできなくて，パニックになったりすることがあります。

このような場合は「4時間目の国語を運動会の練習のため体育に変更します。でも給食から後の5時間目は予定通りです」と説明するようにしましょう。

⑧こういう子どもの座席の位置もクラス内の落ち着きのためには重要です。特に，すぐに興奮しやすい（テンションの上がりやすい）子どもの場合は，周囲におとなしい子，過敏に反応することのない子どもを配置した方がクラスの雰囲気が落ち着くことが多いのです。もちろんおとなしすぎて，ストレスがかかったときに表明できない子どもや我慢するタイプの子どもでない方がよいので，当該の子どもの周囲の状況に対する目配りや配慮は必要です。

また，注意の転導性が高い子どもの場合は脇目をしやすい窓側は避けた方がよいでしょう。また担任の教卓に近い場所にする場合は刺激を少なくするために教卓等に無地の布をかけるなどして目に入る刺激を減らす等の工夫が必要です。

⑨板書やノート，教科書などどこに注目をしたらよいのかわからないでいることも多いので，次のような工夫が考えられます。

ノート，教科書等は家庭の協力が得られれば現在使っている部分に付箋を貼って目印にすることも有効な手段の一つです。もちろん担任がやってもよいのですが，「○○ちゃんばかりに親切にしている」と他のクラスメートに思われないようにする配慮も必要です。

板書をノートに書き取ってほしいときは，（可能ならば）「ここを見てね」との声かけをしてやるとよいでしょう。

⑩仕方のないことには我慢させることも社会適応のためには重要です。世の中には仕方のないこと，どうしようもないことも多々あります。そのことに対して我慢することを身につけることは今後の社会適応のためにも必要でありかつ身につけさせるべきことです。

たとえば，晴れているけれど気温が低くて楽しみにしていたプール授業が中止になることや天候が悪化して昼なのに暗くなってくることなども実際には起こりうることです。こういう事態はどうしようもないことであり，天候を変えることは人の力ではできないことです。「これは仕方のないことだから我慢してね」との言葉がけで，我慢したり諦めたりしなければならないことがあることを理解してもらいます。筆者がかかわった自閉症の子どもも「シカタナイ。シカタナイ」と呪文のように繰り返しながら，約1年かかりましたが我慢できるようになっていきました。

⑪その子どもの特徴を把握するようにしましょう。何が苦手で何が得意なのか，聴覚的な働きかけと視覚的な働きかけのどちらが入りやすいのか，その子にとって望ましくない働きかけは何か，苦手な同級生は誰か，などを保護者から情報が得られるのならば，なるべく事前に把握しておくようにします。

苦手なものや事態を避けることができるならば，そのように対応した方が情緒的に安定することが多いからです。

相性の悪い子どもとはクラスを別にしたり，学年全体の行事等でも接触しないように配慮します。
皮膚感覚が過敏な子どもの場合は，体に触らないように気をつけます。
にぎやかな場面が苦手な子どもや，本人もそれなりに我慢しているのですが我慢の限界に近いだろうと推測できる場合には，一時的に避難できる場所（一人で静かに過ごすことができる場所）を確保しておいてやるのも大切です。

⑫保護者の同意が得られたら，もしくは保護者からの要望があったら，子どもに関する情報はなるべく全教職員で共有するようにします。学校内では，課外の時間などで，担任や授業担当教員以外の教職員が子どもとかかわることが起こりえます。その際に，当該児童の苦手な働きかけをすることがないように，特に避けた方がよいかかわり方や対応の仕方についての情報を共有しておくようにしましょう。このことは，トラブルを避けるためにも重要なことです。その際に非常勤の教職員に情報が伝達されていないということがないように配慮しておきましょう。

文　献

Frances, A.　(2013)．　*Essentials of psychiatric diagnosis: Responding to the challenge of DSM-5.* New York: The Guilford Press.（大野　裕・中川敦夫・柳沢圭子（訳）（2014）．　DSM-5 精神疾患診断のエッセンス―DSM-5の上手な使い方　金剛出版）

Haddon, M.　(2003)．　*The curious incident of the dog in the night-time.* London: Ionathan Cape.　小尾芙佐（訳）（2003）．　夜中に犬に起こった奇妙な事件　早川書房

熊谷高幸　(1991)．　自閉症の謎　こころの謎―認知心理学からみたレインマンの世界― ミネルヴァ書房

幸田敦子　(1989)．　発達上の諸問題　詫摩武俊（編著）　基礎・乳幼児学童心理学　八千代出版　pp.131-146.

正高信男　(2004)．　天才はなぜ生まれるか　ちくま新書

モーツァルトとクジラ（DVD）(2007)．　ポニーキャニオン

Newport, J., Newport, M., & Dodd, J.　(2007)．　*Mozart and whale : An Asperger,s love story.* NewYork : Liza Dawson Associates.　八坂ありさ（訳）（2007）．　モーツァルトとクジラ．　NHK出版

レインマン（DVD）(2000)．　20世紀フォックス・ホーム・エンターテイメント

Sacks, O.　(1995)．　*An anthoropologist on Mars.* New York: Knopf.　吉田利子（訳）（2001）．　火星の人類学者―脳神経科医と7人の奇妙な患者―　ハヤカワ文庫

コラム２　くまのプーさんと仲間たちの発達上の問題

　カナダの小児発達クリニックのスタッフが『くまのプーさん』[1]に登場する動物たちを発達障害専門医の立場から診断している研究があります（Sarah, et al., 2000）。「発達の障害をもつ子ども」についての具体的なイメージを与えてくれることが期待されますので以下に紹介しましょう。

　『くまのプーさん』には，ただ一人の人間であるクリストファー・ロビン（原作者であるA. A.ミルンの息子）と彼の仲間たち（モデルはクリストファーが持っていたぬいぐるみたち）が登場します。くまのプー以外のキャラクターは次のとおりです。コブタのピグレット，年老いたロバのイーヨー，フクロウのオウル，トラのティガー，ウサギのラビット，カンガルーの母子であるカンガとルーです。では彼らがどのように診断されているのか以下に順に紹介しましょう。

　くまのプーさん：２つの障害を併せもっている（重複障害）と考えられます。その顕著な特徴は，不注意優勢型のADHD（注意欠如・多動症）であり，認知障害も併せもっています。プーは，ハチミツに対して強迫的な執着を有しており，これが彼の肥満の原因ともなっています。食べ物へのこだわりと何度も数を数える行為は強迫性障害（OCD）の疑いもあります。

　物語の中では脳みそがほとんどないと描かれていますが，クマの頭囲の標準値を知らないので小頭症かどうかの診断はできません。プーは，物語の冒頭でクリストファー・ロビンに後頭部を何度も階段にぶつけながら引きずられて2階から降りてきています。このことから，プーの認知障害は，「クマにおける『揺さぶられっこ症候群』」[2]によるものかもしれないと推察されています。

　ピグレット：不安で，よく顔を赤くし，狼狽するピグレットは全般性不安障害と診断されています。プーとピグレットは隣人のイーヨーにより，２次的に自己評価の低下を生じる危険性があるとも推測されています。

1　この研究は，ディズニーのキャラクターとしての『くまのプーさん』ではなく，A. A. ミルンの原作に描かれている『くまのプーさんとその仲間達』を対象として分析されています。
2　「揺さぶられっ子症候群」はシャッフリング・ベビーとも訳されています。この用語には２つの意味があります。１つ目の意味です。乳児期初期には頭蓋骨と脳の成長の早さが違うために頭蓋骨と脳の間に隙間が生じています。その時期に頭を強く揺さぶるような働きかけ（タカイタカイなどを激しく行なう）をすると脳が頭蓋骨にぶつかり，頭蓋内出血を起こしたり，脳損傷を起こしたりすることを指します。２つ目は，いわゆるハイハイをしないで座位のままいざって移動する赤ちゃんのことを指す場合もあります。本文では前者の意味で使われています。

イーヨー：慢性的な気分変調症（持続性抑うつ障害）と推測されます。それが遺伝性・内因性のうつ病なのか以前の心理的トラウマ（シッポを失うことになった事件）に起因するのかについては情報が少ないので判断はできません。

　オウル：頭はよいが学習障害の中の読字障害をもっています。

　ティガー：多動と衝動性を特徴としています。つまり，プーと同じく注意欠如・多動症（ADHD）と考えられます。本来トラは肉食であるのに，今まで食べたことのないものを食べてしまったり（ハチミツ，ドングリ，アザミなど），高い木に登って下りられなくなったりしていることから，中枢神経刺激剤の投与が有効なのではないかと推測されますが，この薬の効果はヒトでしか試されていませんので，トラにも効果的かどうかの判断はできかねるとのことです。

　なお，カンガとルーについては訳者の手塚が，「カナダの国情を反映しているのか，かなりの両極端にみえる」と感想を書いています。私たち日本人が読むとどうしてそういう診断や予測になるのか理解するのが難しいと筆者も感じましたので上の説明から省くこととしました。

文　献

Sarah, E. S., Gordon, K., Kawchuk, J., & Smith, D.　（2000）.　Pathology in the hundred acre wood: A neurodevelopmental perspective on A. A. Milne. *Canadian Medical Association Journal*, **163**(12), 1557-1559.　手塚俊文（訳・解説）（2004）.　百エーカーの森の病理　ユリイカ, **36**(1), 141-146.

神経発達症群と発達支援

1. はじめに

　ここでは，神経発達症群のうち，自閉スペクトラム症（以下 ASD と記す），注意欠如・多動症（以下 ADHD と記す），限局性学習症（以下 SLD と記す）について中心に扱っていきます。これらの障害には知的障害を伴わない場合も多く，その場合は地域の小中学校の通常学級，あるいは支援学級に在籍します。本章では，彼らの姿や支援について述べていきます。

　「通常の学級に在籍する発達障害の可能性のある特別な教育的支援を必要とする児童生徒に関する調査」結果（文部科学省，2012）によると，知的発達に遅れはないものの，学習面または行動面で著しい困難を示す児童生徒の割合は，推定 6.5％と報告されています。ここに含まれる児童生徒のすべてに何らかの神経発達症があるとは言えないものの，支援を必要としている子どもたちが通常学級に複数在籍していることになります。その後，「発達障害を含む障害のある幼児児童生徒に対する教育的支援体制整備ガイドライン」（文部科学省，2017）が作成されました。ここには，必ずしも医師による障害の診断がないと特別支援教育を行なえないというものではなく，児童等の教育的ニーズを踏まえ，校内委員会等により「障害による困難がある」と判断された児童に対しては，適切な指導や支援を行なう必要がある，と示されています。"医師による診断がなくても"支援の対象になると記されてはいますが，知的能力障害を伴わない神経発達症群の場合は，神経発達症であることの理解が得られにくいた

64　第6章　神経発達症群と発達支援

め，適切な支援を受けにくい現状も否定できません。しかし，早期の段階から必要な支援を受けることで，彼らは学校や社会で適応的な生活を送ることができます。本章では，彼らのおかれた現状から適切な支援のあり方まで論じてみたいと思います。

2. 支援を受けることの難しさ

　先述しましたが，知的能力障害を伴わない子どもの場合，適切な支援を受けにくいことがあります。まず，彼らはある程度の会話や学習は可能です。そのため，どんなことでも普通にできるように見えてしまうことがあります。彼らには知的な遅れがないのですから，会話や学習がある程度できるのは当然です。ある程度はできたとしてもそのやり方に偏りがあったり，会話や学習以外のところで頑張ってもできないこと，苦手なことがあるから"神経発達症群"と呼ばれたわけです。しかし，いったん"普通にできる"と思われてしまうと，定型発達の子どもと同じやり方で教えられることになります。すると，子どもに合ったやり方で教えてもらえればできるようになることも，その機会に恵まれないことになります。このように，支援が必要な存在であると理解してもらう段階でまず，障壁があるといえます。

　仮に，支援が必要な存在であると理解してもらえたとしても，会話がある程度できるがために，"言えばわかる"と思われてしまうこともあります。実際，こちらから伝えたことについて，理解したような返答や自分なりの意見を述べることもあるので，理解できていると思わされることはあります。しかし実際は，言葉のみで理解することは苦手な子が多いため，言われてすぐできるということはほとんどありません。しかし，いったん"言えばわかる"と思われてしまうと，言葉だけでの指示を何回も言われ続けることになり，最終的には"わかっているのにやろうとしない"というマイナスのイメージをもたれてしまいます。実際は，子どもは理解できていないからできないのですが。しかし，そうなってしまうとその支援者と子どもとの関係が悪循環に陥り，どんな支援をしてもうまくいかなくなってしまいます。

　さらに，"言えばわかる"ではなく，その子に合った支援が必要だと理解し

てもらえたとしても，まだ障壁はあります。この子たちの発達のステップは，ゆっくりとしています。目に見えて発達するというよりも，ほとんど変化のない時期が続いた後に一気に成長したり，時には発達が逆戻りしてしまったような行動を見せることもあったりと，それぞれの子どものペースで発達していきます。したがって支援者側からすれば，何が適切な支援なのかつかみにくいことがあり，場合によっては支援をしてもしなくても変わらないという錯覚を抱かされます。しかし，何らかの支援を続けていくからこそ，子どもたちが成長していくのであって，支援をやめてしまっては子どもの成長はありません。子どもが成長した姿をみられるまでにはある程度の時間が必要だと理解しておくことが必要です。

　子どもへの支援は"早期"から"適切"に"継続的"に行なっていくことが大切ですが，これまで記してきたとおり，知的障害を伴わない場合はその機会に恵まれにくいことがあります。支援を受けられないと，子どもはわけのわからない時間を学校で過ごすこととなり，苦手なこと，嫌なことが増えてしまいます。すると，学校が嫌になったり，周りの人が嫌いになったりして，不登校やひきこもり，暴力的な行為などの不適応行動を起こしてしまいます。そうならないためにも，子どもの個性に合った支援を提供し，必要なことを必要な時期に身につけていけるようにすることが大切です。

3. 子どもへの支援

　実際に子どもへの支援を進める場合，すべての子どもに効果的で万能な方法があるわけではありません。子どもの個性がさまざまであることは当然ですが，子どもをとりまく環境や周囲の大人の理解もさまざまです。また，どういう立場でかかわるかによっても，提供できる支援が変わってきます。そこで，以下からは子どもへの支援を行なうにあたって，どのような支援ができるかいくつかの視点から論じてみたいと思います。

[1] 個性に応じた支援

　神経発達症群の診断名は，その子どもが何を苦手としているかによってつけ

られるともいえます。ASD は人との関係をつくることや維持すること，コミュ
ニーションが苦手です。神経発達症群の下位診断は，その子どもが何を苦手と
しているかによってつけられるともいえます。ASD は，人との程よい関係を
つくることや維持すること，相互交流的なコミュニケーションが苦手です。
ADHD の場合は注意を持続させることや落ち着いて行動することが苦手で，
SLD は特定の分野の学習習得が苦手なわけです。したがって，診断名を知る
ことは，子どもが苦手とするものは何かを理解することにつながります。これ
は彼らの個性の一側面とも言え，診断は子どもの個性を理解する手がかりとも
なります。ただし，診断は大雑把に彼らの個性を理解するための手がかりであっ
て，支援に役立つ個性を理解するためには彼らとかかわることが何よりも大切
です。彼らにかかわることを通して，どのようなことが苦手か得意か，どのよ
うなことが好きか嫌いか，困る行動はどのような行動でそれはどのような場面
で生じるか，どのような場面では落ち着いて過ごせるか，どのような伝え方を
すると理解が早いか，誰とのかかわりで落ち着いていられるかなど，いくつか
の視点から彼らの個性を理解していく必要があります。こうした理解をふまえ
て個別の目標課題を設定し，それの達成に向けてかかわりの工夫を始めること
が支援の第一歩となります。

　さらにもう少し突っ込んで，診断ごとの個性に応じた支援についてふれてい
きたいと思います。まず，ASD の子どもですが，彼らの個性は多岐にわたり
ます。人との関係をつくることや維持すること，コミュニーションが苦手とい
うことは共通しているのですが，その現われ方は子どもそれぞれです。人との
かかわりに消極的な子もいれば，積極的すぎて周りを困らせる場合もあります。
コミュニケーションが一方通行でよくしゃべる子もいれば，会話がゆっくりで
応答も一言二言で終わってしまう子もいます。彼らの場合，適切な人との関係
の作り方，コミュニケーションの仕方を知らないため，彼らなりのやり方で人
とかかわり，コミュニケーションをします。彼らへの支援にまず必要なのは，
彼らなりのやり方ではなく，場面に合った適切なやり方を教えていくことです。
彼らは，周りの状況から判断して適切な行動をすることや，状況を察して動く
ことが苦手です。そのため，周りの状況に関係なく，自分なりのやり方を通し
てしまうのです。そのような彼らに，周りを見て覚えることを期待していては，

彼らの成長はありません。まずは，正しいやり方を伝えていくことが必要です。教え方の典型的なやり方は，その場面でどのような行動をするのが適切か，具体的なルールとしてわかりやすく提示することです。どのような場面をあつかうかは"困った行動""気になる行動"から必然的に決まってきます。しかし一度にいくつもあつかうと教えたルールが定着しませんので，どの場面をあつかうかは吟味する必要があります。ルールの提示の仕方は，文字で示したり，カードを作る，あるいは具体物を見せるなど視覚的なものを使う場合が多いようです。そして，できたら褒めるとか，○（マル）やシールなどご褒美になるものを示すなどプラスの評価を重ねていきます。ただ，これはあくまでも典型的なやり方ですので，子どもごとにアレンジが必要です。アレンジをするためには，個性を理解することが大前提となります。そしてこのアレンジがうまくいかないと，子どもの成長にはつながりません。アレンジがうまくいっているか，子どもの様子をみて確認作業を積み重ねる必要があります。

　次に，ADHD の場合です。ADHD は，注意を持続させることや落ち着いて行動することが苦手です。これらの行動は当然，子ども本人がコントロールできるものではありません。そのため，彼らへの支援は周りの大人がその行動をコントロールすることから始めます。彼らは周りの刺激に反応して行動を起こす場合が多いため，まずは刺激を少なくすることで彼らの行動をコントロールしていきます。子どもにとって何が刺激になるかは子どもによって異なりますので，ここでも個性の理解は必須となります。刺激を少なくし，子どもが少しでも落ち着いていられる環境を作ったうえで，その場で求められる行動を事前に伝えてより適切な行動を身につけてもらう視点も必要です。落ち着きのない行動をしてしまったあとに「それはダメ」と否定するのではなく，事前に「こうしようね」と伝えるわけです。伝える際には，注意の集中が難しい子どもたちですから，ASD 同様に具体的でわかりやすいルールとして提示する必要があります。そして，できたら褒めることを繰り返して，適切な行動の獲得を確実なものとしていくことが大切です。

　さて，次は SLD の場合です。SLD は，特定の分野の学習，特に読む，書く，計算すること身につけることを苦手としています。これはがんばって勉強すればできるようになるわけではなく，がんばってもできない範囲のものです。し

かし，通常の教え方ではなくその子どもに合った教え方で伝えていくと，ゆっくりながらも学習の習得は進みます。読む，書く，計算するという能力は生活を送るうえで必要なものですから，最低でも生活に困らない程度の力は身につけて欲しいものです。それを身につける前に，子どもに合わない学習方法で教えられ続けたために，学習を拒否するようになってしまうこともあります。ですから，学習の習得に困難さを抱えているとわかった時点で，教え方を工夫することと学年相応の学力の獲得を強要しないことがまず必要です。教え方を工夫する際には，やはり個性の理解が必須となります。個性に合った教え方をして彼らのペースでの学習習得を支えていくこと，勉強に対する拒否感を最小限に留めることが大切といえます。

　以上まで，診断ごとの支援の方向性について記してきました。実際には，ASD の子どもが ADHD や SLD の個性を併せもつ場合が多いようです。いずれにしても，個性の理解と個性に合った支援を工夫していくこと，子どもの個性に合った教え方であるか確認作業をしていくこと，できたら褒めるの繰り返して子どもの自己肯定感を育むことは，すべての子どもに共通して行なっていくべきことといえます。

［2］診断されていない場合

　支援が必要な子どもすべてが診断されているというわけではありません。なかには，診断されていても学校側に知らせない場合もあるでしょう。そういう場合は，未診断の場合と同様に支援が必要な子どもなのか考えるところから支援を始めることになります。診断されているいないを別問題とするならば，ちょっと気になる子というのはクラスの中に何人もいるものです。"気になる"存在であること自体，それは支援の必要な子どもであるとまずは理解する必要があります。診断されているから支援をするのではなく，"気になる子"には支援が必要なのです。とはいっても，"気になる"レベルはさまざまです。専門機関への受診を勧めたほうがいいと判断されるレベルから，少しだけかかわり方に工夫をすれば問題なく学校生活を送れるレベルまであります。前者の方が当然，いろいろな問題を含むことになります。ひとまず，"気になる"存在として見えてきた時点で支援を始め，必要に応じて学校での様子を保護者に伝

えていく必要があるといえます。この場合に行なう支援としては，やはり個性の理解とそれにあった支援を工夫していくことです。つまり，"気になる行動""困った行動"から課題を設定し，それを達成するためにその子どもにあったかかわりの工夫を進めていくわけです。

[3] それぞれの立場からの支援

ここでは，本書を手にとる可能性の高い，学校の先生，スクールカウンセラーが学校現場でどんな支援ができるかという点に焦点を絞って論じていきたいと思います。

1) 教員として支援を行なう場合　教員の場合，担任としてかかわる場合とそうでない場合があります。担任としてかかわる場合は当然，支援を主に担うことになります。その場合に注意したいのが，一人で背負い込むことがないようにすることです。彼らの成長はゆっくりとしていますので，支援をしても効果があがらないというジレンマを抱くことも多いでしょう。また，支援は継続的に行なう必要がありますから一人で背負い込むと息切れしてしまいます。さらには，かかわる相手や場面が変わると子どもの行動も変わることがありますので，担任が見ていない場面の様子を知ることが支援に役立つ場合もあります。ですから，なるべく複数の教員が支援を担い，子どもの成長を確認しながら，支援の方向性を検討・修正していく必要があります。しかも，担任はたいていの場合 1 年で変わってしまいますから，一人の教員で支援が完結するわけではありません。学校生活を送る間，継続して支援を続けるためにも，複数の教員が情報を共有していることが子どもの確実な成長へとつながります。

担任としてではなく子どもとかかわる場合，どんな立場でかかわるかは校内での支援体制によるところもありますが，同じ学年の担任，管理職，養護教諭は支援の一員に加わって欲しいものです。そして，気持ちを落ち着かせるために話を聞く先生，きっちりした指示を出してくれる先生，保護者とのパイプになる先生，個別に勉強を見てくれる先生など，役割分担をすると支援がスムーズに進む場合が多いようです。

2) スクールカウンセラー (SC) として支援を行なう場合　SC としてかかわる場合は各学校での SC の業務内容や位置づけにもよるとは思いますが，主

は教員へのコンサルテーション，子どもや保護者へのカウンセリングでしょう。

　まず，教員へのコンサルテーションについてです。教員は，"気になる子"がいた場合にその子に支援が必要か，どんな支援が適切か迷いをもつことが多いものです。教員は教育の専門家ですが，発達支援の専門家ではないからです。そうした際 SC は，その子に支援が必要か見立てること，どのような支援が適切かフィードバックすることが求められます。これを的確に行なうには，発達障害に関する知識と経験が必要なのは当然ですが，子どもの個性と教員の個性，その学級全体の様子などさまざまなことを統合的にとらえて進める必要があるため，なかなか難しい作業といえます。少なくとも，教員からは見えにくい子どもの成長や変化を伝えること，支援の方向性を保証することは積極的に行ないたいものです。それをスクールカウンセラーから伝えることによって，教員にも新たな気づきと自信が得られ，支援へ前向きに取り組めるようになるといえます。

　次に，子どもや保護者へのカウンセリングについてです。保護者へのカウンセリングについては，後の「4. 保護者への支援」のところで述べたいと思います。ここでは，子どもへのカウンセリングについて論じていきます。子どもへのカウンセリング場面では，子ども自身がなんらかの悩みを抱いてくる場合と，担任からの勧めで来る場合があるでしょう。いずれにしても，SC は彼らの話，言い分をよく聞くことが必要です。子どもたちは，自分の言い分を最後まで聞いてもらえる体験は乏しい場合が多いので，彼らの話を否定せずに聴くことがまずは大切です。ただし，彼らへのカウンセリングの場合，傾聴し共感しているのみでは問題解決につながりません。彼らの話をよく聴いていると，彼らなりの考え方ややり方が強いために，彼らが困り感を抱いていたり，周囲とうまくいっていないということがわかってきます。そうした場合には，正しい考え方・やり方を彼らによくわかるように伝える必要があります。そして，どうするとその困り感が軽減するか，周囲とうまくやれるようになるか，子ども自身ができることを子どもと相談し，それを試してみるように話を進めることができるとよいでしょう。子どもができることを探す作業は，簡単なものではありません。担任と連携し，子どもの個性を理解していくことが必要といえます。

4. 保護者への支援

　保護者への支援を考える場合，「子どもへの支援」と同様に診断されている
かいないかによっても異なりますし，かかわる立場によっても異なります。

[1] 診断されている場合といない場合

　まず，診断されている場合について述べていきます。診断されている場合に
は，保護者から子どもの個性やこれまでの成長などを聞く機会に恵まれます。
それを参考に支援を組み立て，子どもの成長につなげていくことが保護者への
支援となります。この場合，これまでの支援の歴史がある分，保護者がニーズ
を明確に伝えてくることもありますから，それにこたえようとする前向きな姿
勢はもっていたいものです。その前向きな姿勢だけでも，保護者の安心感へと
つながります。一方，診断されているために，子ども同士あるいは保護者同士
のトラブルで保護者に負担がいく場合があります。子どもや保護者が孤立しな
いように配慮していくことも，保護者への支援として欠かせない側面です。

　さて，診断がされていない場合，あるいはされていたとしても学校に知らさ
れていない場合は，子どもに支援が必要であることを理解してもらうことから
始めることになります。が，これは慎重に進める必要があります。うまく進め
ることに失敗をすると，保護者との関係が悪くなります。こちらが焦ることな
く，折にふれて子どもの様子を伝え続ける姿勢が必要です。ただ，様子のみを
伝え続けていては否定的なことばかり伝えることになりますので，保護者が気
づいていない子どもの個性や成長，あるいはかかわり方のアイディアを伝える
ことが必要です。これらのことは，診断されている保護者の方にも当然有効で
すが。とはいうものの，保護者に理解してもらうには時間が必要です。子ども
への支援と保護者に理解してもらう作業を並行して進めていく必要がありま
す。

　いずれにしても，保護者の個性もさまざまですし，考え方や学校へのニーズ
もバラエティに富んでいます。保護者の支援を進める場合も子どもへの支援同
様，担任一人が抱え込むのではなく，複数の教員が役割分担をして進めていく

ことが望まれます。

[2] それぞれの立場からの支援

1）教員として支援を行なう場合　先の記述と重なりますが，教員としてかかわる場合は，子どもへの支援を進めてその成長を支えていくこと，子どもへのかかわりのアイディアや成長を保護者に伝えること，さらには子どもや保護者が孤立しないように配慮をしていくことが保護者への支援につながります。これを行なうためには，子どもへの支援を的確に進めていくこと，学校内での支援体制が整っていることが大前提となってきます。これも先述しましたが，支援にかかわる教員の前向きな姿勢というのは，保護者に安心感を抱かせます。支援を確実に進めるクールな教員よりも，保護者と連携して前向きに支援に取り組む教員の方が，保護者にとっての支えになる場合もあります。

2）SC として支援を行なう場合　SC としてかかわる場合は，保護者へのカウンセリングが主となります。保護者へのカウンセリングを行なう場合，保護者自身からの依頼である場合と，担任からの勧めでくる場合があるでしょう。保護者からの依頼の場合でも，診断がついている子どもの学校生活についての相談から，診断がついていないけれども何らかの困り感があってくる場合とさまざまです。そして担任からの勧めの場合も，学校での何らかの"気になる"行動のための勧めから，担任では対応しきれなかった問題の相談などさまざまです。いずれにしても，保護者のニーズや困り感はさまざまですので，カウンセリングを進めるなかでそのニーズを明確にして，それに応じていく態度がまずは必要といえます。そして神経発達症であるかの見立てや今後の支援の方向性を示すこと，場合によっては担任との連携や校内の支援体制を整えるためのコーディネーター的な役割を担うなど，保護者の見通しが明るくなるような具体的な方向性を提示することが求められます。

5. おわりに

　冒頭でも述べましたが，子どもへの支援は"早期"から"適切"に"継続的"に行なっていくことが大切です。そのためにも，誰か一人が負担を背負うので

はなく，関係者が連携をして支援の方向性を確認し，子どもの個性や成長のペースに合せて進めていくことが求められます。日常的には関係者がそろうことはないでしょうから，定期的にケースカンファランスの機会を設けて，支援の方向性を共通理解していくことも大事なことといえます。

文　　献

文部科学省　　(2012)．通常の学級に在籍する発達障害の可能性のある特別な教育的支援を必要とする字で追う生徒に関する調査　文部科学省
< http://www.mext.go.jp/a_menu/shotou/tokubetu/material/1328729.htm>

文部科学省　　(2017)．発達障害を含む障害のある幼児児童生徒に対する教育的支援体制整備ガイドライン―発達障害等の可能性のある段階から，教育的ニーズに気付き，支えつなぐために―　文部科学省
<http://www.mext.go.jp/a_menu/shotou/tokubetu/1383809.htm>

74   第6章　神経発達症群と発達支援

コラム3　大人の神経発達症群

　　神経発達症群（発達障害）というと，5章や6章で扱われているように，自
閉スペクトラム症（自閉症やアスペルガー症候群，ASD），注意欠如・多動症
（注意欠陥／多動性障害 ADHD），限局性学習症（SLD 学習障害 LD），と
いった先天的な脳神経の発達障害のことを指しています。最近では，これらの
障害について大脳生理学からの障害のメカニズムの解明が急速に進み，大脳の
特定部位あるいは大脳伝達物質の機能障害というような障害の位置づけに変
わってきています（榊原，2007）。これらの新しい用語は，そうした考え方を
反映させたものです。

　　発達障害というと子どもの障害という一般的イメージが強いのです。少なく
とも大人の精神障害の断概念ではないために，たとえ子どもの時にこうした
障害の症状で悩まされても，大人になっていくにしたがって，症状が目立たな
くなり，やがて症状が消失してしまうというようなイメージは根強くありま
す。できれば本当にそうあってほしいという願いがあるにせよ，実際にはそう
簡単な話ではないのです。神経発達症という新しい概念は，小児の診断概念では
なく，大人にも適用される診断概念となっています。

　　小学校低学年の頃は，いつもじっと座席に座っていられなくて，「落ち着き
がない」と，学校の先生からいつも怒られてばかりいたという苦い思い出を
もっている人は決して珍しくないでしょう。女優黒柳徹子さんが1981年に出
版し，35ヵ国語に翻訳され，大ベストセラーとなった小説『窓ぎわのトット
ちゃん』は，まさにこうした女の子が主人公です。

　　こうした子どもたちは，現代の学校では，注意欠如・多動症の疑いをもたれ
る可能性がつよいでしょう。

　　この多動性傾向の発達的変化について興味深い研究が， ロマーノたち
（Romano et al., 2006）により報告されています。この研究は，24 ヵ月
（2歳）の子どもたちについて，3ヵ月ごとに行なった行動観察による多動ス
コア得点の変化について，93ヵ月（7歳9ヵ月）まで縦断研究の方法で追跡
調査した研究です。多動スコアの得点が初めから低い子どもは，年齢とともに
落ち着いていく，しかし初めから多動スコアの得点が高い7.2 パーセントの
子どもは，むしろ年齢とともに多動スコアの得点がむしろ高くなっていくとい
うことが示されています（図1）。この研究は，幼稚園あるいは小学校の低学
年まで，落ち着きがないといった行動的特徴で周囲を困らせたものの，年齢と
ともに次第に落ち着いていったというよく経験される事例を説明できる研究で
すが，同時にやはり多動傾向の高い子どもはなおも多動傾向をもち続けるとい
うことを示しており，後者の中にやはり注意欠如・多動症の可能性の高い子ど

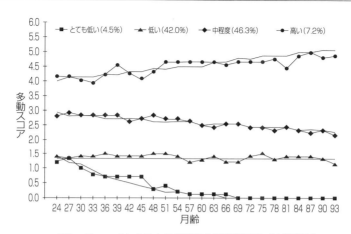

図1 ロマーノたちによる多動性の縦断的研究（追跡調査）
（Romano et al., 2006）

もが多く含まれているように思われます。

　知的能力障害（知的障害）を伴わない神経発達症の子どもたちは，十分高い学習能力を有しているので，治療教育的ケアによって，児童期から青年期，それから成人期にかけて大きく変わっていき，おそらく大脳の機能障害に起因する自分の障害をもちながら，それなりの社会的適応行動を身につけていくことになります。ある程度上の成人年齢世代は，子どもの時に神経発達症群という診断概念が普及していなかったため，何らかの行動的問題が子どもの時に出現したとしても，治療教育的ケアを受けずに大人になっていき，自分なりの社会的適応行動を身につけていった場合が少なくないかもしれません。最近でこそ，何らかの神経発達症の疑いの強い子どもは，比較的早期に診断がなされ，治療教育的ケアが開始されるケースが多くなっていますが，それでも青年期になるまでに問題が表面化しないために問題の所在が気づかれなかったというケースもあります。注意欠如・多動症のように，薬物療法を中心にした効果的治療法が確立してきているといえるにせよ，神経発達症群全体については，あまり楽観的なことをいうべきではないでしょう。

　大変興味深い知見が，杉山（2007）によって示されています。表1に，その中核的な内容を抜粋表記します。神経発達症群の子どもの内，学習障害（限局性学習症）や「不器用児」とも呼ばれる運動症群の障害である発達性協調運動障害（発達性協調運動症）は，障害による不自由さはもち続けながら，それなりの社会的適応を遂げていく場合が多いのです。高機能広汎性発達障害

（別の表記をすると，知的能力障害を伴わない自閉スペクトラム症）の場合は，青年期の特徴がさらに本来の障害を強調するのではないかというような側面があり，それまでおとなしい真面目な子どもというよい特徴の子どもが，孤立化を深め，独自の限定された興味関心領域のみに没頭する，得手不得手，言い換えれば得意教科不得意教科の格差が大きいなど，変わった人という特徴が目立ち始めます。また，併存症（合併症）も複雑多彩な症状を併発する場合が多いと考えられます。不登校や引きこもりなどの症状を示す子どもあるいは成人の中に，この系統の障害をもった人が少なくないでしょう。注意欠陥／多動性障害（注意欠如・多動症）の子どもは，青年期になっても不注意の症状が残っていたり，非行と結びつきやすい行為障害，それよりも症状が軽い反抗挑戦性障害，抑うつといった併存症を示す場合が少なくないので，やはり適切な治療教育的ケアが，不可欠なように思われます。

表 1　神経発達症群の青年期における臨床的特徴と併存症
（杉山, 2007 による表から一部抜粋加筆）

障害名	青年期における臨床的特徴	併存症
高機能広汎性障害	孤立傾向，限定された趣味への没頭，得手不得手の著しい落差	学習障害，発達性協調運動障害，多動，不登校，気分障害等多彩
注意欠陥多動性障害	不注意，抑うつ，自信の欠如時に非行	反抗挑戦性障害，抑うつ，非行など
学習障害	純粋な学習障害の場合は，ハンディを持ちつつ社会的適応は良好な場合が多い	学習障害自体がさまざまな発達障害に併存して生じることが多い
発達性協調運動障害	不器用ではあるがそれなりに何とかなる	他の発達障害との併存が多い

　また，広汎性発達障害（自閉スペクトラム症）の子どもはいじめや虐待，注意欠如・多動症の子どもも同様に虐待を受けやすいと考えられ（浅井ほか，2002；小石，2005），さらに解離症群や自己愛性パーソナリティ障害等の複雑な併存症が，成人になって顕著になっていくということも考えられます。やはりできるだけ早期に適切な治療教育的ケアを開始するということが大切でしょう。ただ少しだけ楽観的なことをいえば，病跡学分野で，妄想性人格障害あるいはそれを基盤にした妄想性障害と推定されていた織田信長が，実はアスペルガー症候群を基盤にしていたのではないかという説もあります。ハリウッドスターのトム・クルーズが，読字障害といった限局性学習症をもっているとか，ウォルト・ディズニーが注意欠如・多動症だったという説など，大人になった神経発達症群の有名人は少なくないのです（磯部，2005；正高，2004）。案外，並外れた成功の背景に，大脳障害があるために特殊な能力を示

すサヴァン症候群のように，神経発達症をもつ代わりに特殊な能力を身につけていたり，獲得した独自の社会的適応行動が社会的成功をもたらす場合が少なくないのかもしれません。

文　献

浅井朋子・杉山登志郎・海野千畝子・並木典子・大河内　修（2002）．育児支援外来を受診した児童79人の臨床的検討　小児の精神と神経, **42**(4), 293-299.

磯部　潮（2005）．発達障害かもしれない―見た目は普通の，ちょっと変わった子　光文社

小石誠二（2005）．高機能広汎性発達障害児と虐待―なぜ，虐待を受けてしまうのか―　杉山登志郎(編)　アスペルガー症候群と高機能自閉症―青年期の社会性のために　学習研究社　pp. 89-96.

黒柳徹子（1981）．窓ぎわのトットちゃん　講談社

正高信男（2004）．天才はなぜ生まれるか　筑摩書房

榊原洋一（2007）．脳科学と発達障害―ここまでわかったそのメカニズム―中央法規出版

杉山登志郎（2007）．発達障害の子どもたち　講談社

Romano, E., Tremblay, R. E., Farhat, A., & Côté, S.（2006）．Development and prediction of hyperactive symptoms from 2 to 7 years in a population-based sample. *Pediatrics*, **117**, 2101-2110.

青年期から成人前期までの精神病理

1. 食行動障害および摂食障害群

[1] どのような障害なのか

摂食行動の異常を主症状とする障害ですが，神経性無食欲症（anolexia nervosa）と神経性大食症（bulimia nervosa）がその中核的なものです。肥満嫌悪，やせ願望に基づいて極端な減食を行ない，極端な体重減少と無月経をきたすもので，思春期やせ症と命名されていました。一方で気晴らし食い（過食）を主症状とする食行動の異常の増加が注目されるようになり，DSM-Ⅲ（1980）で神経性無食欲症と神経性大食症が分離され，この概念はDSM-5（2013）に受け継がれています。思春期・青年期の女性に好発（95％）し，肥満恐怖，痩せ願望，女性性の拒否というような共通した心理から意図的な食事制限あるいは食事制限の放棄など，食への強いこだわりを示すことが特徴です。

[2] 発病の背景と要因

1）社会的背景 われわれはなぜ食べるのでしょうか。生きるために食べる，これが最大の目的です。経済的に貧しく，食料難をかかえる社会であればこのような問題は起こりえません。物質的に豊かであるがゆえに起こると言っていいでしょう。

食べることのもう１つの大きな目的は，人と人とのコミュニケーションを豊かにするための手段であるということです。家族が絆を強くしていくために

「一家団欒」は欠かせないものであり，食事がそれを支えてくれます。家族全員が食卓を囲み楽しめる場は家族がまとまっていくために欠かせません。家族のまとまりが欠如しバラバラになりつつあることも，この問題の大きな要因です。「食卓状況」に摂食障害が生じる要因があるといわれる所以です。

「痩せていることこそ最大の美である」とする価値観がもてはやされる社会にも大きな要因があります。天平美人やルノアールの絵に描かれている女性はふっくらとした美人です。痩せた女性への価値が注目されるようになったきっかけはミニスカートの似合うファッションモデル「ツイギー」（当時17歳のイギリスの女性）の出現であったようです。「痩せる」ことが美徳であり「痩せる」ことに成功すれば勝組になれるという文化を作りあげてしまっているのです。

　2）**家族的背景**　　母‐娘関係に問題があることがしばしば指摘されてきました。根底には「母親のような女性にはなりたくない」という母親への陰性感情が存在しています。夫婦間や嫁‐姑間の葛藤の中で耐えている母親，肥り気味の母親への拒否感情がしばしば見てとれます。家庭を顧みず，自分勝手でワンマンな父親に対する不満，女性同胞間のライバル意識などもしばしば認められる背景です。

　3）**身体因の関与**　　かつては内分泌疾患との関係をみようとする研究も行なわれましたが，摂食障害との因果関係は見出されませんでした。ただ追跡調査による死亡率が5％〜20％と高率であることは注目しておく必要があると思われます。

［3］臨床像の特徴

　①正常体重の最低限，またはそれ以上を維持することの拒否（期待される体重の85％以下の体重減少）。少し食欲のない状態から始まり，拒食が持続して体重がどんどん減少し，食事を受け付けない身体となり拒食に拍車をかける。もっと体重を少なくしなければという願望が強く「枯れ木のように痩せたい」と表現されたりする。

　②体重が不足していても，体重が増えることまたは肥満することへの強い恐怖。体重が0.1キログラムでも増えることを恐れ，もっと痩せることを求めて，

喉に指をつっこんで食べたものを吐いたり（自己誘発性嘔吐），下剤や利尿剤を不適切に使用して身体から食べたものを出そうとする（自己浄化行為）。

③自分の身体の重さまたは体型を感じる感じ方の障害（ボディー・イメージの障害）。ガリガリの身体や手足をみても「まだ肥っている」と主張し，プールサイドでおしげもなく自分の身体を人前にさらす。

④初潮後の女性の場合無月経となる。

⑤食べることを制御できなくなり，一日に何回も食べずにおれなくなる。過食，無茶食いを行なうようになる。

⑥この他によくみられる症状。人前で食べないのに人の居ないところで食べる。みんなが寝ている間にこっそり食べる（盗食）。痩せている時に，普段よりも精力的に運動したり，活動する。万引き行為もよくみられる。過食に対する罪責感から不安・抑うつ状態にしばしばおちいる。

［4］治療的援助

1）身体面への治療的援助　摂食障害は生命にかかわる数少ない精神障害の一つであり，身体面への配慮が必要です。栄養失調状態から二次的に身体の異常が起こってきます。ただしこれらは，体力の回復によって正常に戻りうるものです。入院治療が必要になる場合もあり，食べることへの拒否が強い場合，強制的な輸液で栄養の補給を行ないます。教育サイドでは，学校保健を通して栄養教育を十分に行なうこと，体力への配慮としての運動制限なども重要なことです。

2）心理療法的援助　自分が障害であることを認めたくない場合が多く，治療的援助を受ける動機づけを見つけ出すことが出発点となります。「女性として成熟することへの拒否」がこの問題の根底にあると考えられており，症状の必須条件として挙げられている「無月経」に喜びを感じているような事例もあるようです。しかしその背景は複雑であり，育ってきた家庭環境の中での歪んだ父‐娘，母‐娘関係，姉妹関係などが，しばしばみとめられるのです。性役割行動を受け入れて女性として成熟することへの援助，家族力動の中での人間関係の修正など，根気強い働きかけが必要です。

2. 強迫症／強迫性障害

[1] どのような障害なのか

　強迫性障害は，自分の意志に反してある考えや感情が繰り返し頭に浮かんできたり（強迫観念），ある行動を繰り返して（強迫行為），やめようと思ってもやめられないという強迫症状から成り立っています。以前は強迫神経症が中心でした。現在では正常範囲内の強迫的パターンから生活が妨害されるほどの病理的な強迫的パターンまでを両極として想定し，古典的な神経症的強迫‐境界例的（人格障害的）強迫‐精神病的強迫というスペクトラムと考えるようになりました。アメリカ精神医学会の診断基準（DSM-5）では，A）強迫観念または強迫行為が反復的，持続的にみとめられ，止めようとしても止めることができないこと，B）自分でも不合理であると認識したことがあること（子どもでは不合理が認識できない），C）その人が強い苦痛を感じ，その人の生活の重要な領域において著明な障害がみとめられること，とされています。

[2] 発病の要因

　アダムス（Adams, 1973）は，親の養育態度と強迫性障害発病との関連が成因を考える場合に重要であると述べ，①過度に文化的であろうとする，②共感の欠如，③自発性や自由な行動を評価しない，④愛の仮面で嫌悪を隠す　という行動をとる親がそれにあたるといっています。成田（1989）は，青年期の強迫性障害の家族の特徴を次のように整理しています。すなわち，父親は社会的独立に価値をおき，世間を競争相手ないし敵とみなしながら，世間からは自分をひとかどの人物と認めさせようと奮闘し，母親は，支配的に子どもに接し，子どもが親の望みを満たす限りは過保護に接し，空想的万能感を育んでいるとしています。また，男性例と女性例での親の養育態度の違いにふれている研究もあります。男性例では「幼児期には過保護，過干渉にかまわれ過ぎて育てられた」と回顧する例が多いのに対して，女性例では「かまってもらえなかった」と回顧するものが多いとするもの，男性例では「父親は干渉的で口うるさい存在であったが，母親はむしろ子どもと父親の板ばさみ的存在であった」と語ら

れることが多く，また女性例では「両親から手のかからない，いい子になるように強要された」と回顧されることが多いという報告もあります。

　古典的な精神分析理論では，エディプス状況への不安や葛藤から肛門期への退行と固着が起こり，これが強迫性格に結びついて発病につながるとされ，トイレット・トレーニングが原因になると説明されていました。

　一方，脳内セロトニン代謝異常や画像診断による脳の形態学的ないしは機能的異常などの生物学的要因との関連が注目され，遺伝的要因の関与も推定されています。

[3] 臨床像の特徴

　成人では強迫観念と強迫行為の両方を併せもつものが圧倒的に多いのですが，低年齢になるにつれて強迫行為が中心となっています。年齢が低いほど不確実感あるいは不安感を観念レベルで症状形成するまでの精神的成熟が未確立のためです。

　思春期・青年期の強迫観念で最も多いのは，身体からの排泄物，環境の汚染などへの嫌悪であり，次に多いのが何か恐ろしいことや不吉なことが起こるのではないかという不安，次に対称性，秩序，正確さに対する心配あるいは欲求などです。不潔恐怖の対象は日常生活で避けることができないものです。青年期になると観念的にその対象が広がり，両親や自分をいじめる子が軽蔑の対象となって不潔になったり，女性のヌード写真など性的なものが嫌悪感の対象となっています。

　強迫行為では，汚染を取り除くための洗浄を目的とした過剰な手洗い，長時間の入浴などが圧倒的に多くみられます。次いで多いものがドアを何度も出たり入ったりする，階段の登り降りを何度も繰り返す，などの反復行為，鍵，ガスの元栓などの確認が目立ちます。その他，整理，整頓を反復する，買いだめと収集などです。成人でも特徴はそれほど変わりませんが，病気に対する疑惑が多くなってきます。

[4] 治療的援助

1）心理療法的援助　青年期の強迫性障害の背後に健全な人格発達を阻害

84 第7章 青年期から成人前期までの精神病理

するような家族の病理が認められることが多く，また家族を症状の中に巻き込んで，家族全体を混乱に陥れていることも珍しくありません。したがって力動心理療法的アプローチが必要となります。特に母親に対する拒否感情が強化因子となって，母親を不安に陥れることも多いので，支持的に支え，父親の協力を得ることも重要です。

　一方で，患者自身に対しては，訴えを十分に聴き，強迫的不安についての説明や保障を重視すること，患者は治療者の援助を求める一方で，自分に侵入されることを防ごうとする姿勢をもっていることを，治療者は十分に理解しておくことの重要性を成田（1989）は強調しています。

　最近では行動療法，特に暴露反応妨害法の有効性が報告されています。この治療法の基本は，不安を生ずる状況に直面させることと，その際に生ずる不安を軽減するための行動をさせないことなどです。たとえば不潔恐怖の場合，不潔と思うものに意図的に触らせ，その後に手を洗わないように指示します。これを繰り返すことによって不安を軽減させるという技法です。このような技法が成功することもあると思われますが，失敗を覚悟しておくことも必要であり，慎重でなければならないでしょう。

　2）薬物療法　薬物療法の有効性が注目されるようになり，生物学的要因の解明にも進歩が期待されています。SSRI（選択的セロトニン再取り込み阻害薬）の使用が認可され，治療効果の有効性が報告されています。薬物で症状を軽減し，心理療法を根気強く継続していくことが大切です。

3. 素行症／素行障害

［1］どのような障害なのか

　素行障害は，他者や動物に身体的危害を及ぼすような攻撃的行為，他者の財産に損失または損害を与える行為，嘘をつくことや窃盗，重大な規則違反が繰り返され，基本的人権や年齢相応に守らなければならない社会的な規範や規則を無視する行動，すなわち他者破壊的行動障害と定義されています。ここには「非行」という司法行政的な概念として説明されてきた多くを含んでいます。DSM では精神医学的な概念として提起されたものと思われます。わが国でこ

の概念に注目が集まったきっかけは，神戸市須磨区で起きた小学生連続殺傷事件でした。マスメディアが「行為障害」という診断概念を紹介したことが始まりでした。

[2] 発病の背景および要因

　乳幼児が健康に育つためには，母子間での基本的信頼感の成立が大切です。乳幼児は母親の支持的，応答的な養育を受けてこそ母親を安定した存在として人格形成の中に取り入れることができ，拒否的，非応答的な養育によって母親を不安定な存在として人格形成にとりいれます。後者の場合がこの問題の背景になりやすいのです。家族の崩壊，離婚率の上昇，児童虐待の増加など，家族の絆が希薄になりつつある社会的要因が大きく影響していると考えられます。長期間にわたって身体的虐待を受けてきた子どもは攻撃的行動をとるようになること，特にこのような子どもは思春期になると警戒心が強くなり，暴力的になりやすいことも報告されています。また素行障害の子どもの両親についての研究で，アルコール依存，物質依存，精神病性障害など，深刻な精神病理を有している親が多いことも指摘されています。一方で，家族性に多発するという傾向も報告されていますが，現在のところ直接遺伝子によって伝達されるというより，発症しやすい脆弱性が遺伝するのではないかと考えられています。

[3] 臨床的特徴

　DSM-5では診断基準として15項目があげられています。その主なものを記載します。

　しばしば他人をいじめ，脅迫し，威嚇する。他人に重大な身体的危害を与える。金属バット，割れたビン，レンガなどの武器を使用して暴力を加える。動物に対して残虐な身体的暴力を振るう。被害者の面前でひったくり，強奪をする。性行為を強いたことがある。重大な損害を与えるために放火する。他人の住居，建造物，車に無断で侵入する。夜遅くに外出，無断外泊を繰り返す。

　他の障害との関連として，多動性 - 衝動性と不注意を主症状とする注意欠如・多動症→権威に対する拒絶的，反抗的，不従順，挑戦的な行動を主症状とする反抗挑戦性障害→素行障害，との連続性が指摘されていました。さらに，

86   第7章　青年期から成人前期までの精神病理

社会的規範に適合しない逮捕の原因となる行為を繰り返す，自分の利益や快楽のために人をだます，易怒性および攻撃性が強く暴力を繰り返す，一貫して無責任な行為を続けるなどを特徴とする「反社会性パーソナリティ障害」に18歳をすぎると診断変更されるという連続性が診断基準に記載されています。

抑うつ障害や物質乱用との関連も深いとされています。

［4］予防および治療的援助

まず問題の早期発見，早期治療が何よりも大切です。人格形成の初期の段階ほど，人格形成の歪みの修正の可能性が高いからです。乳幼児健診での早期発見が重要となります。素行障害と診断される症例の多くが，幼少時から多動傾向，乱暴な傾向など行動上の問題をもち，不幸な家庭環境で親の愛情を十分に受けることができずに育っています。虐待を受けている可能性も含めて，親子関係，家庭構造など家庭環境についての検討が大切です。また，親機能を果たすことができない親のもとで育つ子どもたちに，親以外の大人の情緒的な接触を可能にする場を整える社会施策も重要です。

さらに学校教育の果たす役割も大きいと考えられます。攻撃的行動が目立ち，周囲がそれに巻き込まれるために押さえつけようとする対応がしばしば行なわれています。そうするとますます反抗が激しくなり，挑発的な行動が頻繁になるという悪循環がみられるようになります。「ダメな子」というレッテルが張られていることが多いのです。叱られる体験だけでなく，ほめられ認められる体験が立ち直るためには必要であり，学校の対応は大切です。友だちに理解され受け入れられるようなクラス運営の工夫が求められます。

4. 抑うつ障害群および双極性障害

［1］どのような障害なのか

気分障害あるいは感情障害は，気分や感情の変化，通常抑うつ気分か高揚した気分が認められる障害です。DSM-5 では抑うつ障害と双極性障害に分けられ，抑うつ障害がうつ病／大うつ病性障害と気分変調性障害に，双極性障害が双極性Ⅰ型障害と双極性Ⅱ型障害に分類されています。双極性障害は，従来躁

うつ病といわれ，精神病性の障害として考えられてきたものです。問題は抑う
つ障害群についてです。従来，内因性うつ病，神経症性うつ病（抑うつ神経症），
反応性うつ病，性格因性うつ病などとして考えられてきたものを大うつ病性障
害と気分変調性障害として整理しようとしている点です。その診断概念が曖昧
になっているように思われます。さらに子どもの抑うつ障害について，発達と
いう観点をほとんど顧慮せずに成人と同じ診断基準で診断が可能である，とい
う観点が強調されている点も問題です。「子どもの抑うつ障害が増えている」
「見逃されてきた重大な疾患」といかにも子どもの抑うつ障害が増加傾向にあ
るという報告もされていますが，臨床家によって診断基準に違いがあり，慎重
でなければならないでしょう。わが国のこれまでの文献で見る限り，最年少発
病例は9歳です。

現時点で筆者（大井，1978）はうつ病相を次のように整理して，日常の臨床
にかかわっているので紹介しておくことにします。すなわち，

タイプⅠ：躁うつ両病相を双極性に反復するもの（循環型うつ病），

タイプⅡ：メランコリー性格を基礎にして単極性にうつ病相を呈するもの
（性格反応型うつ病），

タイプⅢ：思春期・青年期危機状況に際して，自己同一性確立の過程でうつ
病相を反復するもの（成熟危機型うつ病），です。

[2] 発病の要因

生物学的要因として，神経伝達物質の異常が考えられています。モノアミン
（特に，セロトニンとノルアドレナリン）欠乏説，モノアミン受容体感受性亢
進仮説などがあります。また遺伝学的研究では，特に双極性障害における一卵
性双生児の一致率が高いというデータが提出されています。

病前性格との関連では，下田光造の「執着性格」，テレンバッハ（Tellenbach,
T.）の「メランコリー親和型性格」と密接に結びついています。その特徴は几
帳面，強い正義感と責任感，仕事熱心，頼まれたことを嫌と言えない，良心的，
人と争わず他人への配慮を怠らない，という秩序性と対他性を重んじる性格傾
向です。秩序性の破綻，他人とのトラブルなどが発病に結びつくのです。発病
にかかわる日常生活での出来事として，職場の配置転換，仕事での過労，妊

娠・出産，転居，近親者の死，などがあります。また，思春期・青年期においては発達課題としての危機状況がその誘因となることが多いといわれています。

[3] 臨床像の特徴

1) 抑うつ状態

精神症状：抑うつ気分，興味あるいは喜びの喪失，焦燥感，気力の減退，思考力・集中力の減退，無価値感や不適切な罪責感，希死感。

身体症状：不眠または過眠などの睡眠障害，体重減少，食欲不振，全身倦怠感，日内変動（朝の気分が悪く，昼，夕方になるにしたがってよくなる）。

抑うつ状態における身体症状は必発です。睡眠障害が抑うつ気分にしばしば先行します。抑うつ気分を主観的に訴えるのは 14 歳を過ぎてからであり，14 歳以前では行動制止あるいは無気力状態で示されます。また病相期も 14 歳以前では短く（1 - 3 週間）年齢が長ずるにつれて長くなります。

2) 躁状態

目的志向活動の増加（じっとしておれず多動），いつもより饒舌あるいは話し続けたいという欲求（多弁），次々と考えが浮かび，考えが飛び跳ねる（観念奔逸），注意の転動性，誇大感，睡眠要求の低下（一晩中眠らずに行動），などが主な症状です。

思春期・青年期初期の特徴として，低年齢ほど 1 - 3 週間と短い躁・うつ病相を頻回に反復します。さらに病相期に幻覚・妄想や特有の意識障害など統合失調症様の症状，すなわち非定型病像を呈しやすいという特徴もみとめられます。年齢が長ずるにつれて非定型病像がみられなくなることも多いようです。また，躁病相は躁・うつ混合状態（行動は躁的であるが気分は抑うつ的である）が特徴的です。したがって，躁病相での自殺企図が多いことに十分注意が必要です。

[4] 治療的援助

1) 薬物療法

抑うつ障害群には三・四環系抗うつ剤，SSRI（選択的セロトニン再取り込み阻害薬），SNRI（セロトニン・ノルアドレナリン再取り込み阻害薬）などの抗うつ剤が有効です。不安感・焦燥感が強い場合には弱力精神

安定剤（抗不安薬）を併用します。睡眠障害に対しては睡眠導入剤の投与が必要となります。

双極性障害には炭酸リチウム，カルバマゼピン，バルプロ酸ナトリウムなどの抗躁剤が有効です。抗うつ剤に比して抗躁剤は種類が少ないのです。統合失調様症状が目立つ場合には強力精神安定剤の併用が必要となります。薬物療法は欠かすことのできない治療です。

2）心理療法的援助　思春期・青年期の発達課題である同一性をめぐる葛藤に対して，家族の問題，学校の問題も含めて強力な心理療法が必要です。「不登校」を主訴に受診してくる症例の中にこのタイプの抑うつ障害が多くみられます。友人関係での挫折と孤立，家族内での心理的葛藤がその背後にみとめられるものです。性格反応型うつ病では，十分な休養をとらせる（思い切って学校や職場を休ませる）ことが回復を早めることに結びつきます。励ますことによっておしりをたたくことは禁忌です。

5. 統合失調症スペクトラム障害

［1］どのような障害か

主として青年期・成人前期（18 歳〜 25 歳）に始まり，慢性に進行しながらしだいに人格の統一が失われ，末期には特有の人格荒廃にいたる精神病です。この障害の根幹は精神機能の特有の解体，すなわち人格の解体にあるとされ「精神分裂病」とよばれていました。「生ける現実との接触の喪失」という言葉は，この障害をうまく表現しています。「自閉」と「被害妄想」が最も基本的な症状です。他者との関係の中で，不信と絶望，自己の存在を脅かす不安と恐怖に圧倒されて他者との繋がりを断ち切り，自分の殻に閉じこもる姿を自閉と呼んでいます。そして自分を脅かす他者から身を守ろうとするため被害的な立場に立ちやすくなります。発病年齢のピークは 20 歳前後であり，40 歳以上の発病はありません。最年少発病例は 9 歳です。

発病の仕方と状態像によって，破瓜型，緊張病型，妄想型の 3 つに分けられました。破瓜型は潜行性に徐々に発病し，進行性の経過をとりながら人格が崩れていくタイプ，緊張病型は発病が急激であり，幻覚・妄想や緊張病性興奮・

昏迷状態など，症状が派手に目立つが人格の崩れが遅いタイプ，妄想型は発病が30歳台と遅く人格の崩れがみられないタイプでした。発病要因には生物学的要因の関与が濃厚であり，心理学的要因は発病や再発のきっかけとなるにすぎないと考えられています。脳がこの障害の発生に絡んでいると推定され，世界的に研究が進められていますが，まだ十分に解明されたとはいえません。人間にしか存在しない「病」であり，人間の脳がいかに複雑であるかを示している，ともいえます。最近は遺伝子研究も進められています。

［2］臨床的特徴
臨床像は陽性症状と陰性症状に分けられます。
1）陽性症状
①**妄想**：訂正することのできない誤った確信と定義されます。被害妄想が中核です。関係妄想（自分に関係のない人を自分に関係があると結びつけます。人が自分の悪口を言っている，人が自分をばかにしている，など），注察妄想（自分がいつも監視されている），迫害追跡妄想（自分がいつも警察に追われている）被毒妄想（食べ物に毒がいれられている），などが被害妄想です。被害妄想以外に，誇大妄想（自分が他から区別された特別な人間，選ばれた神の子），心気妄想（自分は不治の病にかかっている），恋愛妄想，などがあります。

②**幻覚**：対象なき知覚と定義されます。最も多いのが幻聴です。悪口，非難，よからぬことを指示，命令される，ということがその内容です。「テレパシーがかかってくる」とよく表現されます。自分の考えていることが声になって聞こえてくる場合，思考化声といいます。身体幻覚（胃が逆さまについている，腸の一部が切り取られている，など）もよく訴えられます。幻視は青年期，成人ではまれですが15歳以前の年少例ではめずらしくありません。

③**思考障害**：思考途絶（思考の流れが遮断されて思考内容が空虚になる），思考制止（ブレーキがかかったように思考が進まなくなる）。

④**自我意識障害**：自分が言っていること，自分が行動していることを自分がしていると認識されない状態をいいます。させられ体験（誰かにさせられている，あやつられている，と認識）と呼ばれています。

2) 陰性症状

①感情の平板化：喜怒哀楽の感情が乏しくなり，疎通性，共感性に欠け，表情が硬く能面状となります（プレコックス感）。

②自発性の減退：無気力な状態が持続し，徐々に進行して無為の状態になります。

③緊張病症候群：緊張が亢進し精神運動性興奮や衝動行為を示したかと思うと拒絶的となり昏迷状態におちいります。

[3] 治療的援助

この障害の治療の難しさは，「自分がおかしい，異常である」という認識（病識）が乏しかったり，欠如している点にあります。したがって，治療のルートにいかにして乗せるかが問題となるのです。そのために入院治療がしばしば必要となります。精神科病院に入院している患者の70-80％をこの障害が占めています。治療初期では精神保健法に定められた医療保護入院（患者が入院することを拒否しても，精神保健指定医が入院の必要性を認め，家族が同意すれば患者の意思に反して入院させることができる）の形をとることもめずらしくありません。また，2007年から医療観察法に基づく司法精神科医療病棟がいくつかの国立病院に開設されました。殺人などの犯罪を犯したが，刑事責任能力が問えないと判断された主として統合失調症患者の治療が始められています。

1) 薬物療法　　この障害の治療の根幹をなすものです。さまざまな新しい向精神薬が開発されて病状の進行をくいとめ，人格の崩れを軽度の段階で維持することが可能となっています。服薬をきちんと継続することによって再発を防止し，進行をくいとめることに結びつくのです。患者自身が病識の乏しさから服薬を続けることが困難な場合には，家族をはじめ周囲の人たちの協力が必要となります。

2) 心理療法的援助　　重症の事例や人格崩壊の進んだ事例では心理療法的な働きかけの効果が得られないことが多いのですが，軽症で不安感，恐怖感が強く治療者に依存的な事例もあり，このような事例には心理療法が有効です。患者の病的な世界に耳を傾け，理解しようと受容することが，不安状態の軽減

に結びつきます。心理的葛藤が強く，神経症的な傾向をもっている事例も多く存在します。

3）社会復帰に向けての生活療法　人格の崩れが進み入院が長期化してくると，社会生活を自分の力で営んでいくことが困難になってきます。日常生活を自立してやっていくための準備を，治療を通して積み重ねていくことが必要になるのです。作業をすること，集団活動を円滑にすること，体力づくりをすること，など生活療法の中で頑張っていくことが求められます。さらに，家族が暖かく患者を迎え入れてくれるための家族への働きかけ，職場の協力，医療機関以外の地域の社会福祉機関の協力も重要です。

文　　献

Adams, P.　（1973）．*Obsessive Children: A Sociopsychiatric Study*. New York: Brunner/Mazel.　山田真理子・山下景子（訳）（1983）．強迫的な子どもたち　星和書店

成田善弘　（1989）．強迫神経症とその周辺　清水将之（編）　改定増補青年期の精神科臨床　金剛出版　pp.58-76.

大井正己　（1978）．若年者のうつ状態に関する臨床的研究—年齢と病像の変遷との関連を中心に　精神神経学雑誌, **80**, 431-469.

スクールカウンセリングの学校へのかかわりと方法

1. スクールカウンセラー

[1] スクールカウンセラー制の始まり

　文部省（現在の文部科学省）は，全国都道府県の教育委員会に対して「スクールカウンセラー活用調査研究委託事業」を委託しました。平成7年度（1995年度）のことです。この委託事業とは，スクールカウンセラーを学校現場に配置する効果をめぐって実践的な調査研究を行なうことです。各都道府県ごとに選ばれた各地の中・高等学校に対して，スクールカウンセラーが実際に学校現場に入り，児童生徒に対する個別的なカウンセリング活動を始めました（本書第1章「スクールカウンセリングの概念と背景」も参照）。

　スクールカウンセラーになる者はどのような資質を満たす者がよいのか。学校内のどのような場所で，どのような児童生徒に対して，どのような内容のカウンセリングを行なうのか。スクールカウンセラーに対する需要はあるのか。担任教師や養護教諭，教育相談室などとの仕事上の分担や連携のしかたはどうなるのか。スクールカウンセラーは全校生徒に対してどのように周知・紹介されるのか。これら細部の実務的な諸問題について，スクールカウンセラーの派遣効果が実践的に吟味・検討されました。

　スクールカウンセラーの資質・条件は，これは児童・生徒の心の問題に関して専門的な知識と経験を有する者であるということでした。具体的には，主として臨床心理士の有資格者がスクールカウンセラーとして任じられました。当

時は臨床心理士の数が少ない都道府県もあり，そこでは精神科医や大学に勤務する心理学者もスクールカウンセラーの仕事を務めました。時間は派遣学校ごとに原則年間35週，週あたり2回，1回に4時間，調査研究校に2年間配属，勤務態勢は非常勤勤務，謝金は時給単価での算出でした。なかには市や町が独自に予算措置を行なって，スクールカウンセラー派遣の実績を増やすところも現われました。

スクールカウンセラーの業務を示すと以下のようになります。

①児童・生徒へのカウンセリング，

②カウンセリング等に関する教職員および保護者に対する助言・援助，

③児童・生徒のカウンセリング等に関する情報収集・提供，

④その他の児童・生徒のカウンセリング等に関し，各学校において適当と認められるもの，などです。

国としてのスクールカウンセラーの予算措置はその後も続き，平成16年度（2004年度）からは主に公立中学校を対象としてその数8,500校（予算規模は42億円）へと増額されるに至りました。現在では臨床心理士の数の安定的な供給にめどが立ったのですが，資質面の需要の点から学校心理士の有資格者などもスクールカウンセラーとして要請されるような都道府県も出てきています。「スクールカウンセラー活用調査研究委託事業」は平成7年度（1995年度）から6年間の活用調査研究を経て，平成13年度（2001年度）からは国と都道府県との正式な事業となりました。

［2］スクールカウンセラーの位置づけ

この事業によって，わが国のスクールカウンセラーの位置づけが，ひとまずは定まったかのように見えます。このスクールカウンセラーの果たす役割は，後に略述することになりますが，たとえばアメリカ合衆国のスクールカウンセラーの仕事ぶりとはかなり異なります。

わが国のスクールカウンセラーの仕事の位置づけは，学校外部からの心の専門家が学校内でカウンセリングを行なうということです。ところが現在のところ，スクールカウンセラーの勤務時間はわずかです。しかも，カウンセリングによる成果そのものについて吟味してみると，個々の児童・生徒への対人的な

心理カウンセリングだけでは解決できない問題も多いのです。したがって実際には，スクールカウンセラーと学校側との連携のあり方が重要になります。いまこれを機関・施設面からみると，学外の関係諸機関（学校外リソース）と学校とのコーディネートが重要になっているということになります。また，これを人的な面からみると，保護者や担任との密接な連携が必要になっているということです。

[3] 教育相談との関係

教育相談は，主として児童・生徒の担任教師が担当します。したがって，上記のスクールカウンセラーが行なうカウンセリングとは形式上は別です。そこで，以下簡単に教育相談についてふれ，その後に教育相談とスクールカウンセリングとの相互関係をまとめることにします。

教育相談とは何か。文部科学省の位置づけによると，教育相談は生徒指導の一部です。生徒指導は英語のガイダンス（guidance）を日本語に訳したものです。ガイダンスは，「児童生徒が，自己の能力，興味，性格特性などについての理解を深め，生活環境のいろいろな事態における適応上の問題について，自主的な判断力を養い，社会的自己実現ができるように援助する」（文部省, 1990）とされています。このガイダンス（生徒指導）のための具体的な技法が，「学校におけるカウンセリング」（教育相談）です。これは，カタカナで書かれた「スクールカウンセリング」とは区別して使われることがあるので注意が必要となります。生徒指導は児童生徒集団に対してもなされますが，特に児童・生徒に対して個別指導でなされる時に「教育相談」という語が使われるのです。そして，「学校におけるカウンセリング」（教師による個別的な教育相談）が主に担任教師によってなされることを指しているのに対して，「スクールカウンセリング」はスクールカウンセラーが行なうカウンセリングという意味になります。両者を区別しないで使う時もありますが，区別する場合はこのような意味であることに注意する必要があるでしょう。

教師による教育相談もスクールカウンセラーによるスクールカウンセリングも対面相談であり，中身も共通する部分が多いのです。しかし，異なる部分もあります。その1つは，児童・生徒への指導助言の仕方・特徴です。教育相談

では指導助言を行ないますが，この指導助言は臨床心理学や心理カウンセリングでいうカウンセリング技法とは幾分か異なります。つまり臨床心理士などが行なう心理療法（第2章「カウンセリングの基礎的な知識と考え方」，第3章「心理療法」など）では，さまざまな立場はあるものの，「指導」「助言」が前面に出ることは少ないのです。他方，教育相談では「指導」「助言」こそが中心的な行為になっています。それは次の文章にも明確に現われています。「教育相談とは，本来，一人一人の子供の教育上の諸問題について，本人またはその親，教師などに，その望ましいあり方について助言指導をすることを意味する。言い換えれば，個人の持つ悩みや困難の解決を援助することによって，その生活によく適応させ，人格の成長への援助を図ろうとするものである」（文部省，1981）。非行面の生徒指導とかかわる時には，特に，この傾向が強くなります。

　教育相談とスクールカウンセリングとが異なる2つ目の特徴は，学校内での児童・生徒への接触時間，相談・カウンセリングの技法，果たすべき役割などです。教育相談の立場からみると，スクールカウンセラーは学外の関係諸機関（学校外リソース）の1つです。ただし，児童相談所や，教育相談所・教育センターへは主として学校の教師や児童・生徒が出向くのですが，スクールカウンセラーの場合は逆にスクールカウンセラーが学校内へ来て活動するのです。したがって，スクールカウンセリングがうまく機能するかどうかは，外部から来たスクールカウンセラーを学校が積極的に受け入れて，緊密な連携の仕組みの中で十分な役割を果たせるようにするかどうかにかかっています。

2. 教育相談のシステム

[1] 教育相談の進め方

　学校教育相談は，学校内の教育相談室や担任の教室を利用して行なわれます。教育相談は主に担任が行なうのですが，責任の所在は学校にあるために，かかわる教師間の定期的な会合が必要になります。

　教育相談は主に担任教師が行ないます。その主な機会をまとめると表8-1のようになります。

　教育相談の手順は，図8-1のようになります（譲，2007）。順にみていくと，

表8-1 教育相談の機会の種類

①チャンス面接	相談担当教師が日常の機会を利用して相談を行なう。
②呼びかけ相談	児童・生徒を相談室等へ呼んで相談を行なう。
③自発的相談	児童・生徒が自発的に相談に来た時に相談を行なう。
④定期的相談	学級やホームルームの全員に対して，学年最初や学年末などに行なう。

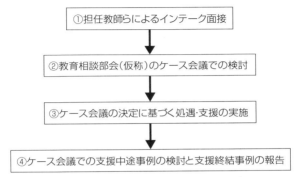

図8-1 教育相談の一般的な流れ（譲, 2007）

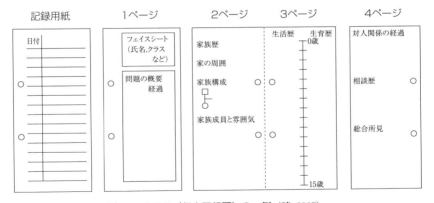

図8-2 カルテ（個人記録票）の一例（譲, 2007）

①インテーク面接（受理面接）は，いちばん最初の段階です。実情に応じて用意した図8-2のようなカルテ（個人記録票）の中に，児童・生徒の理解や支援に必要な情報を書き込んでいきます。次の②は学校内の教育相談部会（仮称）におけるケース会議です。定期的には1〜2週に1回は開催することが望まし

いでしょう。会議には教育相談部会（仮称）の教師，関係する担任教師，養護教諭だけでなく，スクールカウンセラー，学校管理職が参加することも増えています。ここで検討した事例は③処遇・支援の実施へと進みます。スクールカウンセラーが，学校外リソースへのコンサルテーションをする場合もあります。④では支援途中の事例の検討や支援終結事例の報告がなされるのです。

　学校長，養護教諭，生徒指導担当教諭，教育相談担当教諭，担任，スクールカウンセラーは皆，それぞれの役割を担います。たとえば学校長は学校の責任者ですから，職務権限として保護者に対して学校の判断や決定を明確に伝えます。養護教諭は保健室からみた児童生徒の健康に対処し（表8-2），担任やスクールカウンセラーへの橋渡しをしたり，場合によっては学校医を通じて精神疾患の医療へと道筋をつける役割をも果たします。そのほか大勢の人が連携・協力して相談業務に携わることになります。

表8-2　学校保健室の利用目的と利点（池田, 1994）

保健室に来る生徒の利用目的	
①応急処置的対応	打撲や擦過傷の外科的な応急処置
②健康相談的対応	身体に対する心配や疑問の相談
③悩みに対する対応	学習面の悩み，友人関係の悩み，家庭に心配事がある
④登校拒否生徒への対応 　（保健室登校）	
養護教諭の利点	
①健康観察により異常者を発見しやすい	
②本音が言いやすい	
③病気を理由にできる	
④出入り自由な空間	

［2］教育相談に関わる相談機関

　学校外リソースとしてよく利用される相談機関を表8-3にまとめました。教育相談所，教育センター等（地方教育行政の組織及び運営に関する法律30条による）は，主に18歳未満の児童・生徒，その保護者，小～高等学校教員からの相談を受けます。ただし，医師は配置されていない機関がほとんどでしょう。児童相談所（児童福祉法第15条による）も18歳未満の児童・生徒と保護者からの相談を受けつけます。ここには医師がいますが，相談所そのものの数

表 8-3　地域にある学校外リソースとしての専門機関

機関名	設置の主体	相談員
教育相談所，教育センター等	都道府県，教育委員会	臨床心理士あるいは心理学等の専門家，教員経験者
児童相談所	都道府県，政令指定都市	医師，臨床心理士あるいは心理学等の専門家，児童福祉司等
警察本部，警察署の少年課	都道府県の警察，公安委員会	少年相談専門職員
精神保健福祉センター	都道府県，政令指定都市	医師等

があまり多くはありません。しかし，不登校，障害，非行等のあらゆる相談に応じ，子どもの権利を保護したり適切な処遇をします。都道府県の警察本部や警察署の少年課（警察法第 36 条ほかによる）も相談活動を実施しています。少年鑑別所では臨床心理学等の専門知識をもつ法務技官がいます。精神保健福祉センター（精神保健法第 6 条による）では精神保健全般について相談ができますが，数が少ないので不便であるという声も聞きます。精神疾患に関する病院については保護者からの心理的な抵抗感が強いので，誤った先入観を払拭するような日頃の努力もますます必要となります。

　このほか児童福祉法に基づく放課後児童健全育成事業として学童保育があり，ここでは学童保育指導員が放課後の生活面の保障を行なっています。なお，教育委員会は不登校児童等のために適応指導教室を開いています。このように，学校は，地域の各種相談機関等と連携をすることができるので，そのためにはふだんから信頼関係に基づいた人的なネットワークを作り上げることが必要となります。

3.　アメリカ合衆国におけるスクールカウンセラー

[1]　学校組織との連携への傾斜

　アメリカ合衆国ではすでに 1950 年代にスクールカウンセラーが制度化されています。米国スクールカウンセラー協会（ASCA）は「スクールカウンセリングの国家モデル」（ASCA, 2003）を発表していますが，それをみると現在の日本のスクールカウンセラー制とかなり異なる面があります。

100 第8章 スクールカウンセリングの学校へのかかわりと方法

　日本のスクールカウンセラーの活動は，最初は児童・生徒への個別の対応（三次的援助サービス）であったのですが，その限界を確認する段階から，現在しだいに学校組織との連携に傾斜してきつつあります。これは，アメリカの姿に近づいているようにもみえます。たとえば，大野（2006）は学校心理士のあり方に関する論考の中で，学校カウンセリングの領域として，①専門的な相談活動（カウンセリング，ガイダンス，コンサルテーション等），②学校カウンセリングの統合活動，③学校カウンセリグの推進活動をあげて，ネットワークづくりやシステムづくりの重要性を強調しています。今後もこの傾斜が強まるかどうかは定かではありませんが，アメリカのスクールカウンセラーの性格について少しみておくことも意味があるでしょう。

　臨床心理士や学校心理士がスクールカウンセラーとしてどこまで踏み込むかは現場の状態に大きく依存します。その時に米国の事情を知ることが，学校がスクールカウンセラーに何をどこまで求めるのかという関与の範囲決定に参考になるかもしれません。

[1] スクールカウンセリングの国家モデル（2003）

　米国スクールカウンセラー協会（ASCA）の「スクールカウンセリングの国家モデル（2003）」によると，スクールカウンセラーがかかわる領域（domain ドメイン）は以下の3つです。

　①学業的領域における発達促進

　②キャリア的領域における発達促進

　③個人的－社会的領域における発達促進

　これをみるとわかるように，スクールカウンセラーの仕事が，児童・生徒の対人的な発達，進路や学習面の発達に大きくかかわることは明らかです。日本のスクールカウンセラーは，どちらかというと児童生徒の現時点での心の状態や気持ちの処理に焦点化しています。ASCAモデルは，これとは明らかに様相を異にしているのです。

　図8-3にはこのことが図示されています。図の中で下の「基礎」の部分は「何をwhat」という内容であり，スクールカウンセラーの信念・哲学・使命に基づいて児童生徒の学業，キャリア，個人的－社会的発達を促進しようとしま

3. アメリカ合衆国におけるスクールカウンセラー　*101*

図8-3　ASCA（米国スクールカウンセラー協会）国家モデル
(米国スクールカウンセラー協会, 2003)

す。この「基礎」が図の右の「提供システム（delivery system）」として具体的に表現されています。幼稚園から高校3年までのガイダンス・カリキュラム（guidance curriculum）に基づいて発達水準にふさわしい知識とスキルを提供していくのです。スクールカウンセラーは児童・生徒の個別の計画作り（individual planning）を援助します。差し迫ったニーズに対しては，カウンセリング，コンサルテーション，紹介，情報提供などの即応的なサービス（responsive services）を行ないます。これらの営みは，図の左側の管理システム（management system）によって管理運営されます。この管理システムとは，いつ，なぜ，どんな権限によって実施するのかという仕組みのことです。図の上部にはアカウンタビリティ・システムが描かれていますが，この仕組みはプ

ログラムの遂行の成果公表に関する取り決めです。

　以上は全体の一部を概略したにすぎませんが，別の言い方をするならば米国のASCAモデルによるスクールカウンセラーは，学校内部の正式職員として多岐にわたる仕事をし，ガイダンスカリキュラムなどをも作成するということなのです。

　アメリカのスクールカウンセリングの業務をそのまま日本に移植することについては，学校風土の違いや予算面などからみて疑問視する声もあります。しかし，日本のような外部カウンセラーの仕事は，現在，特定の子どもへの対処（三次的援助サービス）から問題行動の予兆を示す一部の者への対応（二次的援助サービス），そしてしだいに児童生徒一般への予防的・開発的援助（一次的援助サービス）へと広がっています。日本のスクールクンセラーの位置づけと仕事内容のあり方は，絶えず試行錯誤的に吟味・検討されているので，このASCAの姿は今後の道筋として選択枝の1つになるのかもしれません。

4. スクールカウンセリングのこれから

[1] 学校を取りまく急激な変化

　国の教育政策と予算化により，学校現場には取り組み上の具体的な変化や対応が現れました。その1つですが，中央教育審議会の度重なる答申を受けた学習指導要領が改訂となり，教職を目指す人たちが受ける大学の授業科目もいくつか変わりました。もう1つは，教育公務員特例法の改正です。これによって，教職志望の大学生から新採用教員へ，さらに中堅へ，さらに管理職へといった教員のキャリア発達が強調されるようになりました。これには情報化，国際化，少子高齢化といった社会の動向が少なからず反映されています。

　学習指導要領ですが，多くの改訂がなされています。その中には学校インターンシップを始めとする体験活動の充実，小学校段階からの積極的な外国語教育の充実，アクティブ・ラーニングのような授業方法の推進等があげられます。今まで以上に，対人的コミュニケーションの機会，学校以外の地域の人たちとの接触の機会が増えています。このようなことから，キャリア教育や生徒指導，あるいは教育相談等が，これまでにも増して，具体的で現実的な学校現場の多

様な問題として扱われるようになり、それに伴って、教員だけでなく教員以外の外部の専門的な人たちの支援も強く必要とされるようになってきました。

2つめの教育公務員特例法ですが、2017（平成29）年3月の教育公務員特例法改正に伴って、教員の資質向上を図るために都道府県教育委員会と関係大学とで、「A県教員育成協議会」のような協議会・連絡会が構成されるようになりました。そして、この協議会では「A県教員育成指標」が作成されています。ここでは教員の職能開発だけでなく、地域の人材に対して学校のどんな内容をどう支援してもらうか、どんな専門的な立場で関わってもらうかも具体的な検討課題とする都道府県が現われています。

小（中）学校学習指導要領（2017年3月31日公示）の第1章総則の「第4　児童（生徒）の発達の支援」をみてみると、その内容は表8-4のようになっています。

表8-4　学習指導要領総則「児童（生徒）の発達の支援」

1　児童（生徒）の発達を支える指導の充実
（1）学級経営，児童（生徒）の発達の支援
（2）生徒指導の充実
（3）キャリア教育の充実
（4）指導方法や指導体制の工夫改善など個に応じた指導の充実
2　特別な配慮を必要とする児童（生徒）への指導
（1）障害のある児童（生徒）などへの指導
（2）海外から帰国した児童（生徒）や外国人の児童（生徒）の指導
（3）不登校児童（生徒）への配慮

出所：文部科学省初等中等教育局教育課程課（2017）

[2] 地域のなかの学校として

上述のようなことから、学校外部からは、さまざまな専門家が支援者や専門スタッフとして関わる傾向と可能性が生まれています。従来から、学校外の臨床心理士の派遣が受け入れられていることはよく知られていますが、さらに地域によってはキャリアコンサルタント（国家資格）、公認心理師（国家資格）、スクールソーシャルワーカー等の関わりが検討されるようになってきました。そのほかには、地域の子育て支援員の方々も関わるようになりました。

キャリアコンサルタントは，もともとは厚生労働省の指定団体が発行する民間資格のキャリアカウンセラーとして出発し2016（平成28）年に国家資格に発展しました。キャリアコンサルタントの相談業務は，「心理カウンセリングよりも，より積極的で能動的で指示的な働きが必要である」（杉原，2016）とみなされています。学校教育との関わりでは，進路指導を学校の卒業時の出口指導（就職と進学）に限定するのではなく，入学からの学校生活の全過程をキャリア教育としてとらえ直すことが強調されます（文部科学省，2011a,b）。キャリアコンサルタントやキャリアカウンセラーは，キャリア発達の専門職として学校に関わる機会が少しずつ増えています。

公認心理師は，2015（平成27）年の9月に法案が成立した国家資格です。これまでには民間資格として臨床心理士がありましたが，「心理職者に国家資格を」のスローガンの下で，臨床心理職国家資格推進連絡協議会，医療心理師国家資格制度推進協議会，日本心理学諸学会連合の3団体が要望して成った国家資格です。その定着には未知数の部分もありますが，医療，保健，司法・矯正等の分野での活躍が期待されています。従来の臨床心理士は不適応や気になる子どもたちの内面やその反映である行動に目を配ります。公認心理師もまた，ほぼ同様の期待がなされると想定されます（一般財団法人日本心理研修センター，2016）。

スクールソーシャルワーカー（社会福祉士等）は，即戦力として期待されることがある点で，臨床心理士とは峻別されることが多いようです。学校を場として発生する「学校教育・教育職・教育実践」の領分と「社会福祉・福祉専門職・ソーシャルワーク」の領分とは違いがありますが，相互の理解と協力が重要である（鈴木, 2016）等とまで指摘されるようになっています。スクールソーシャルワーカーには，社会福祉士のほか精神保健福祉士等が多く，どちらかというと子どもたちの環境に目を向けることが多いといえます。

キャリアコンサルタントも公認心理師も「業務独占」ではなく「名称独占」であるため，専門的とはいえ，その活動にはかなりの幅があります。それでも，それぞれの専門性や立場から発達支援や心のケアへのサポートに貢献することが期待されています。学校現場の諸問題では，勤務上のうつ状態に悩むような職員，いわゆる発達障害の児童・生徒に対するカウンセリングあるいは学校場

面の進路相談に対して，教員以外のスタッフとして見なされる事態が生まれているので，協力体制を形成することでさらに成果をあげることができると考えられます。

文　　献

American School Counselor Association　（2003）．*The ASCA national model: A framework for school counseling programs. Alexandria*, VA: American School Counselor Association Press.　中野良顕（訳）（2004）．スクール・カウンセリングの国家モデル─米国の能力開発型プログラムの枠組み─　学文社

池田清恵　（1994）．学校保健室から　坂野雄二・宮川充司・大野木裕明（編）　生徒指導と学校カウンセリング　ナカニシヤ出版　pp.162-171.

一般財団法人日本心理研修センター（編）（2016）．公認心理師　臨床心理学（臨時増刊号）金剛出版

文部省　（1981）．生徒指導の手引き（改訂版）　大蔵省印刷局

文部省　（1990）．生徒指導資料第21集　学校における教育相談の考え方・進め方─中学校・高等学校編─　大蔵省印刷局

文部科学省（2011a）．小学校キャリア教育の手引き＜改訂版＞　教育出版

文部科学省（2011b）．中学校キャリア教育の手引き　教育出版

文部科学省初等中教育局教育課程課　（2017）．学習指導要領改訂のポイント　総則　初等教育資料（5月号），No.953, 14-23.

大野精一　（2006）．学校カウンセリングの領域と学習課題およびキーワード　学校心理士資格認定委員会（編）　学校心理学ガイドブック　風間書房　pp.115-125.

杉原保史　（2016）．キャリアコンサルタントのためのカウンセリング入門　北大路書房

鈴木庸裕（編）（2015）．スクールソーシャルワーカーの学校理解─子ども福祉の発展を目指して─　ミネルヴァ書房

譲　西賢　（2007）．教育相談の意義とシステム　二宮克美・宮沢秀次・大野木裕明・譲　西賢・浦上昌則　ガイドライン発達学習・教育相談・生徒指導　ナカニシヤ出版　pp.126-127.

児童虐待と家族病理

1. 児童虐待の現状

　国が児童虐待の統計をとりはじめたのは平成2（1990）年で，その件数は年間1,101件でした。最新の速報値は平成28年（2016）度の122,578件で，この26年間で実に111倍に増えたことになり，発表のたびにその激増ぶりがセンセーショナルに取り上げられています。ほかのどの統計を比べても，これだけ顕著な増加に歯止めがかからない「現象」はないでしょう。

　周知のとおりこの統計は児童虐待の発生件数を示しているものではありません。全国の児童相談所（現在は自治体によって施設名称はさまざま）が把握し，対応にあたった件数にすぎません。発生数は，数字に表されているものをはるかに上回ると思われ，実際に筆者がこれまで対応にあたってきた多くの児童虐待は，ほとんどが「認知」されていませんでした。

　正しくカウントするのを困難にしているのは，児童虐待との判定を下す際の定義があいまいなことが関係しているようです。冒頭で「統計をとりはじめたのは平成2年」と書きましたが，それまではその必要性が認知されていなかったことになります。それ以前は児童虐待が存在しなかったのではなく，数えるべきだとの認識が欠けていただけなのです。「何をもって虐待とするか」という明確な規定を周知させることの重要さがうかがえます。

　平成12（2000）年11月に施行された「児童虐待の防止等に関する法律」（通称，児童虐待防止法）の中で，「身体的虐待」「心理的虐待」「性的虐待」

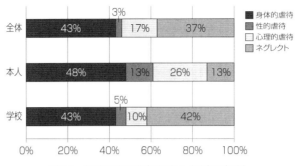

図9-1　相談経路別の虐待種別（平成17年度）

「ネグレクト」の区分がなされました。しかしどれも広いグレーゾーンをもっており、人によって同じ事象を「しつけの範囲」ととらえたり、「いや、虐待だ」と断罪したりといった違いが生じます。ちなみに、平成18年度の対応件数のうち、身体的虐待は15,364件、性的虐待は1,180件、心理的虐待は6,414件、ネグレクトは14,365件でした。広く日常化している言葉の暴力が全虐待の16.8%と非常に少ないところに、それを虐待と受け取らない社会の構えが大きく反映されていました（図9-1）。平成16年の一部改正で「親のDVを目撃すること」が加えられ、平成19年10月施行の再改正においては、第一条の冒頭で「児童虐待が児童の人権を著しく侵害し」と、抽象的ながら人権侵害が虐待であることが明確に打ち出されています。平成28年の児童相談所の相談件数は、心理的虐待が63,187件（51.5%）と割合が最も多くなっています。次いで身体的虐待が31,927件（26.0%）、ネグレクトが25,842件（21.1%）、性的虐待が1,622件（1.3%）と大きく変化しています。

　残念ながら、児童虐待の本質について社会的コンセンサスは得られていません。親たちは「しつけのため」という大義名分によって、力を用いた強制が人権侵害に抵触するかもしれないという自覚をもつことができないのです。それは日本の伝統的な家族観に支えられ、それは民法（822条）で「親権者の懲戒権」が保障されている現実からも読み取ることができます。

　虐待とはなにか。筆者は、「子どもの心身の成長に対して悪影響を残す家庭環境」と、広い定義を用いるようにしています。親など行為者の言動あるいは認識で決まるものではなく、害を被る子どもたちの状態で評価すべきです。し

かし当の子どもたちも，歪んだ家族に適応するために「私が悪いから叩いてもらった」などと歪んだ認識を身にまとってしまうので，子どもから話を聞いて把握できるといった簡単なものではありません。目に見えないタイプの虐待になると，学校教師がキャッチするのはいっそう困難になっていきます。児童相談所への通告のうち，学校を経路としたものは全体の13.6％でした。しかし心理的虐待に限ると7.7％と半減してしまいます。これに対して被虐待児本人の通告では心理的虐待は26.4％もあり，子どもたちが支援を求めている心理的苦痛が見落とされやすいことが如実に示されています（図9-1）。これに対して，身体衰弱などとしてはっきり見えるネグレクトでは，学校が経路となる割合が格段に高まります。

　教育的発想では子どもの心理に向けるまなざしが乏しくなりがちです。したがってスクールカウンセラーは，自らの実践活動として子どもの心に目配りすることはもちろん，教師のモチベーションを高めるような研修にも，今まで以上の力を注ぐことが求められているのです。

2.　虐待家族の病理

　多様な顔をもつ虐待家族ですが，背景に潜在している家族病理にはある程度の共通性を認めることができます。虐待という事象を別の視点から言い換えてみると，その共通性が浮かび上がってくるのです。

　1つの視点は，家族内の人間関係が「支配と被支配」のコントロールゲームになっているということです。児童虐待の場合には，一般には支配者が親，被支配者が子ども。支配の手段として用いられる言動すべてが虐待なのです。しつけにおいて「言いつけをきかなかった」「何度言ってもきかない」「この子は親を困らせる」との発言は，愛情のこもった導きがうまくできず，支配力を高めようとして虐待にまで至る際にしばしば見られる言い訳です。この言い訳は，合理化の防衛機制によるものです。

　子どもが思春期にまで成長して，力関係が逆転したとき，子どもが親を支配しようとすることが起きます。以前から指摘されている家庭内暴力がそれですが，夫婦間で生じればドメスティック・バイオレンス，いわゆるDVと呼び方

が変えられます。これらは，支配の主体と対象が変わるだけで，実際には同じ現象を指しているのです。

　幼いうちから支配的な人間関係にさらされると，子どもがこの関係性を「当り前のもの」と認識する素地ができあがってしまうことが懸念されます。その強固な信念が土台となって，一生の対人関係のあり方まで左右しかねません。支配的人間関係が引き継がれ，子どもが親になって自分の子どもとの間で再現されることを，「虐待の世代連鎖」といいます。

　虐待を受けて育つと必ず虐待する親になるとはいえませんが，虐待のリスクが高まるのは事実です。これまで欧米での研究を根拠にして，世代連鎖の確率は30〜40％程度ではないかという指摘がなされてきました（鵜飼，2000）。数値がそれほど高くないことから，世代連鎖はないという発言が一部でなされていますが，それも極論です。虐待を受けていない人々と比較すれば，他の要因とも複合して，連鎖が少なからず存在することを認めざるをえません。

　筆者が実施した調査の結果を示します。20歳前後の青年とその両親に対して，それぞれ子ども時代にどのような育てられ方をしたかについて尋ねたものです。つまり二世代ペアに対して別々に同じ内容の質問紙を実施し，回収後コード番号で親と子のマッチングを行ない，連鎖の影響を検討したのです。親世代，子世代ともに質問紙の得点から「被虐待傾向」の判定を行ないます。そして「傾向群」「非傾向群」別に，子どもの「被虐待傾向」の出現率を算出したのです（図9-2）。その結果，虐待を受けていたと判定された親は，おおむね30％程度，その子どもも虐待されたと判定される割合が高まることが明示され

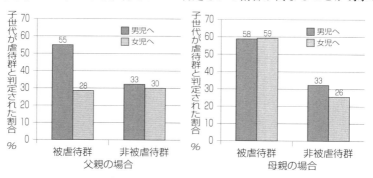

図9-2　親の性・子どもの性別の虐待世代連鎖率

たのです。さらに性差が認められ，男子の場合は男児に対してリスクが高まるのに対し，女子では男女児ともにさらに高いリスクが認められました。幼少期の支配関係がのちに再現するのは，女性のほうが強いのではないかという新たな仮説が浮上してきます。また従来から指摘されていた連鎖の割合を勘案すると，「虐待生起要因のうち主に世代連鎖によるものは 30 〜 40％である」という結論が導き出せるかもしれません。

　次に，防衛機制の視点から虐待家族の理解を試みます。虐待のある家は「秘密のある家」と言われます。家の内部で起きていることが外に洩れないということもその1つです。育児ノイローゼが虐待にまで至った場合に「母子カプセル」などと表現されるものですが，ここには虐待に独特の心理的機制がはたらいていることを知らねばなりません。

　秘密は，家の中でも「それに触れてはならない」という掟のようなかたちで存在しています。知っていても直視しないよう無意識で動いている力です。性的虐待の例では，父親が娘に行なっていることを母親が感じ取っていながらも，知らないかのように振る舞うことが起こりがちです。被害に遭っている娘も，救いの直接的なメッセージを発することをしません。また深夜に父親が泥酔して妻や子どもに暴力を振るっても，静まってから壊れたものなどは片付けられ，翌朝になると何もなかったかのように普通に出勤しているのです。

　防衛機制は2つの水準，一般的な防衛機制と，病的な防衛機制に大別することができます。前者は，健康的な人でも環境に適応するために用いることがあるもので，合理化や抑圧，投影，代理，反動形成，昇華などはよく知られているものです。適応のためとはいっても，多用しすぎる場合は健康的とはいえません。後者は，対象関係論の見地から原始的防衛機制と呼ばれるもので，虐待のある家族で特に顕著に見られるものです。「原始的」とは，「乳幼児期水準の」と言い換えることができ，自我形成の初期段階にとどまっている未熟な人々の心性ということになります。これらが複雑に作用し，結果として「秘密のある家」ができあがっているのです。

　原始的防衛機制のうち，特に「否認」と「スプリット」は支援にあたる際に不可欠な知識となります。否認とは，真実を「ないもの」としてそれを認めようとしないことです。苦痛に満ちた外的現象や内的認識に対して，変化の期待

ができない以上，目をそむけて「たいしたことではない」と思い込むことでさらなる受傷から免れる対処法なのです。

スプリットは「分裂」ともいわれます。対象の認知，自分の心のあり様が両極端に振れてしまう現象です。虐待は，子どもが親の期待に応えられない，親の機嫌が悪いなどによって，突発的に激化する傾向があります。逆に親の機嫌がよいときは，子どもを喜ばせるような積極的な言動も見られます。このような親の態度がスプリットそのもので，幼い子どもはそれに合わせるように自分のこころを調整し，こうして被虐待児のこころもスプリットしていくのです。

家族病理が作られる過程で，筆者がパーソナリティ，つまり幼少期からの「学習」を重視しているのは，子育て環境の困難さなどの現在要因は「契機」であり，根源に位置するリスクを高める効果を担っているものと考えるからです。心理モデルと密接なかかわりをもつ物理的現象として，脳の器質および機能を無視することはできません。これら脳の両面についても，先天的な因子だけでなく，後天的すなわち幼少期の環境が影響することが確かめられています。養子研究は，遺伝要因と環境要因が子どもの暴力性形成に対して相乗的に作用することを明示しています。相乗を阻むために私たちができることは主に後者，非暴力的環境の提供であるといえます。

3. 虐待家族の治療

虐待のある家族の治療には相当な困難が伴います。「虐待を行なっている親」に対して，中途半端な知識とスキル，経験で臨むとすれば，効果の期待どころか，カウンセラーなど支援者の善意に基づく働きが二次受傷を招くでしょう。少なくとも私がこれまでにかかわった「虐待する親」の中で，専門家によって「助けられた」との実感をもっている人は1割にも達しません。

親の支援にあたる際に，クライエントとしての能力を有するかどうかを見極めることも重要だと考えています。具体的には自我の健全さ，内省力の豊かさ，モチベーションの高さなどによって推察するものです。それは心理検査などで客観的にアセスメントできるようなものではないような気がしています。さらには虐待行為の深刻さや併発症状の重篤さに依存するものでもないようです。

何をおいても「最初の出会い方」は，予後にまで影響するほど重要です。

　たとえばこのような実例があります。夫からの暴力の後，幼い子どもを気の
すむまで殴り，そしてアームカットを繰り返す日々を送っていた女性がいまし
た。筆者は講演で話した直後に呼び止められ，10 分ほどのやりとりをしまし
た。そのあと 2 年ほどの歳月をかけて彼女は暴力的な夫と別れ，さらには子ど
もへの虐待も収まり，親子で穏やかな日々を過ごすように変わったのです（長
谷川, 2003）。この母親の場合，最初の出会いと対話がトリガーとなり，回復の
プロセスを母親が自ら歩んでいったことになります。構造化された面接を行な
う場合にも，治療関係の成立や予後は「出会いの瞬間」に凝縮されていると考
えるべきで，インテーク（情報収集）を重視しすぎることはその弊害になるか
もしれません。

　筆者が虐待する親とかかわるのは主に 2 つの場面です。1 つは面接室での個
人カウンセリング，もう 1 つは親たちのグループセッションです。いずれのア
プローチにしても，セラピストには他のカウンセリング以上に配慮すべきポイ
ントがあります。端的に表現すれば，「一般的・常識的な評価のまなざしを排
する」「その人の内面世界を真実のものとして受け入れる」「最初から最後まで
一貫している」などと整理できます。この基本姿勢のうえに，虐待者の病理に
関する専門的理解と治療テクニックが乗るものだと考えています。

　虐待という行為は社会的にも許されるものではありません。しかし親はそれ
が止まらなくて苦しんでいるわけです。このがんじがらめの状況で「助言」と
いう正論を説くことは，信頼関係の醸成を阻む決定因子となります。行為の問
題性は一時棚の上に乗せておき，親の思いとのコンタクトを図ることに努めな
くてはなりません。多くの親には幼少期の被害体験が認められます。連鎖性が
重篤である人ほど，過去の被害性を重視しない「否認」が強い傾向が認められ
るので，時間をかけて「被害者性」と向き合っていく心の作業を支援します。

　クライエントが否認を緩め，真実と向き合おうとした時，凝縮されていた負
の感情の放出が必然的に生じます。しばしば感情は過度で認知は歪んでいるの
ですが，どこまでも寄り添うように聴くかどうかが，親との心理臨床で勝負で
きるかどうかの鍵となるでしょう。親たちは相当に深い自己否定感に苛まれて
います。これまで「もう大人なのだから」「親らしく」などと追い討ちをかけ

るように社会的非難にさらされてきています。そこで前述した関係形成に専念し，自己中心的な怒りや行き過ぎた自己否定の表現に対して，「あなたの気持ちはもっともだ」「あなたは否定されるべき人間ではない」というメッセージを届け続けるのです。

　一定期間のこの関係性の維持は，クライエントに「こんな私でも受け入れられた」というおそらく初めての体験をもたらすでしょう。感情のカタルシス，認知の歪みの是正が進むことによって，虐待という方法でしか解放されなかった「しこり」が浄化されることを期待するのです。この本格的な心理臨床の関係性は維持されなくてはなりません。持続困難に陥ると，「裏切り」にも値します。したがってクライエントのもつ病的な防衛機制，特に原始的理想化，スプリット，否認などの破綻から生じるアクティングアウト（イン）への十分な目配りを怠ってはなりません。前提として治療構造の枠組みを整えることは必須です。面接の時間，場所，連絡の取り方，許可・禁止事項を確認し，それらを双方が例外なく遵守することです。

　「分裂」が顕著に表われるのは，セラピスト像が「クロ」か「シロ」かに大きく振れる点です。自己像も同様に振れ，前進したり出発点に戻ったりを繰り返します。セラピストには，揺さぶられる事態にあっていかに一貫していられるか，身をもって提示することが課せられるのです。この関係の継続が，やがてクライエントの振れ幅を小さくしていくものと期待されます。換言すれば，親が心理的退行状態の中で，セラピストという「安定した親」との間で疑似成長体験を重ねることで，自己の育てなおしをするということになるでしょう。脳科学の知見は，自分の内面を言葉で表現することが脳の多くの部位を活性化させ，理性と衝動の間に新たなネットワークを形成することを示唆しています。

　大きな「認知の歪み」をもっている親に，認知行動療法のプログラムを適用して，早期から認知に働きかけるという方針も考えられますが，虐待に苦しむ親たちにとってそれは好ましいとは思われません。認知は，少なくとも自身による気づきを伴わないと扱うことが困難です。認知と否認の領域のギャップが大きい場合，「どうしようもない」との無力感は増大し，治療意欲を喪失させかねません。筆者もしばしば認知へのはたらきかけを行ないますが，たいてい

それはパラドキシカル（逆説的）な内容です。「子どもをたたいたあとで，自分をいたわろう」というようなものです。ただしそれも，第一ステップとしての「関係の成熟」という土台が形成されたあとのことです。カウンセラーやドクターショッピングを重ねてようやくここにたどりつき，回復への道を自ら歩みだす人たちを見るにつけ，関係の重要性を思い知らされるのです。

平成11（1999）年2月に開始した親のグループセッション（親子連鎖を断つ会）の試みは，個人カウンセリング以上の効果も期待できるとの結論をもたらしましたが，その詳細は別の機会に譲ります。

4. 被虐待児のケア

虐待を受けている子どもが，「その時」にケアを受けられれば，のちに顕在化してくる後遺症をかなり緩和することができるでしょう。前述した連鎖率に関する調査で，同時に連鎖を緩和する因子についても確かめました。その結果，連鎖率をおおむね20％も低下させる因子を2つ見出すことができたのです。

1つは，虐待の事実について正しく認識していること。もう1つは，虐待されていることに理解を示す人が存在していることです。

最初の因子については，虐待を「私がいけない子だから」「しつけだから」「次はしっかりとやろう」などと考え，自分が親から不当なことをされているとの気づきがない場合，連鎖率は高まる，つまり後遺症を発症しやすいということです。次の因子は，自分がどのような虐待を受けているか，親からどのように傷つけられたか，そして自分はどんな気持を抱いたか，それらを語り，わかってくれる他者が身近にいることです。

これらのケアは，小学校低学年以前の段階で体験することが重要です。それ以降になると，すでに信念は強固なものとなり，修復にも困難さが伴います。最近，3歳の弟が義父からカナヅチで殴られて死亡するという事件が起きたのですが，8歳の姉は警察の取り調べに対して「私が悪いことをしたとき，お父さんにたたいてもらった」と話していました。すでに「たたかれた」との表現が使えなくなってしまっていたのですが，この年齢ではセラピストとの信頼関係が形成すれば，誤った認知の修復はまだ可能でしょう。

116 第9章 児童虐待と家族病理

「あなたが悪いのではない」「あなたをたたく親が間違っている」という真実の問いかけが通じると，子どもは封印していた真実の感情を自ら引き受け，生涯背負うかもしれなかった自己否定の呪縛から解放されるでしょう。

非専門家の支援者が起こしがちな決定的過ちについても指摘しておかなくてはなりません。子どもに対し，「あなたも悪いことはしないように気をつけましょう。お父さんやお母さんを怒らせないために」という類の言葉がけです。児童相談所に相談がもち込まれたあと，子どもに非行・反抗的な様子が見えると，児童福祉司はついこのような指導欲に駆られます。筆者が依頼して一時保護された中学2年生の女の子（父親から性的虐待・母親から身体的虐待）は，面会に訪れた筆者に「あの先生，全然わかってない！」と言ったのでした。「とりあえず，自分のいけないところは両親に謝りましょう」との指導を受けてのことです。

虐待の事実が発覚した時点で，子どもはすでに虐待の影響で問題行動や症状を見せているものです。表面的な「問題性」を取り上げて子どもを諭すとすれば，それは二次的な害を与えている，さらに言えば，支援者が心理的虐待者になってしまうことを意味しています。支援者が二次的加害者になるという事態は学校教育の中で多発しており，今後，その抜本的対策を講じなくてはならないでしょう。

筆者は裁判所や弁護士の依頼で犯罪者の「鑑定」の業務にも携わっています。精神鑑定とは異なり，犯罪へと至った被告人の成育史を明らかにする「情状鑑定」と呼ばれる仕事です。ほとんどのケースにあてはまるのが，幼少期は家庭で虐待を受け，学校で教師らから二次的虐待を被り，それらが複合して社会適応に困難をきたし，誰にも理解されることなく犯行に至ったというプロセスです。個々の臨床心理士のスキルアップを図るだけでなく，学校や地域の教育力への幅広い啓蒙の必要性を痛感するのです。

文　献

長谷川博一　（2003）．助けて！ 私は子どもを虐待したくない―世代連鎖を断ち切る支援　径書房　pp.41-54.

鵜飼奈津子　（2000）．児童虐待の世代間伝達に関する一考察　心理臨床学研究, **18**(4), 402-411.

不登校・高校中退・ひきこもり

1. 子どもが学校を休むのは……

　それはまだ1980年代の半ばのことです。筆者は学校を長期にわたり休んでいる子どもたちと，ただひたすら一緒に汗を流して遊びまくっていました。遊んでばかりいたというとイメージが悪いのですが，学校を休んでいることさえも忘れて，すべてから解き放たれて遊んでいると，次第に元気が出てきて，学校に再び通い始めることが可能になった子どもたちにも何人か出会いました（氏家, 1998）。

　そうした遊び相手の中に，小学校5年生に在籍している子で，小学校2年生から学校を休み始めて，まる3年間学校に行っていないという男の子がいました。

　とても仲良くなってから，この子と二人でユースホステルに一泊旅行に出かけた時のことです。一緒に宿泊していた方から，悪気はなかったのでしょうが「平日の夜に子どもがユースホステルに泊まっているのは変だな。君は『登校拒否』をしているのか？」と質問が出ていました。すると彼は「子どもが学校を休むからって『登校拒否』と勝手に決めないでよ。『欠席』でいいじゃないか。大人のそういう決めつけが一番不愉快だ。子どもにもいろいろな事情があるんだよ……」と平然と切り返したのです。

　近くでそのやりとりを見聞きしていた筆者の方が，明らかに彼よりも冷静さを失い，激しく動揺していました。

118　第10章　不登校・高校中退・ひきこもり

　しかし，この場面は筆者にとって，学校を休み続けている子どものことを，一方的に大人が何かのラベルを貼るように決めつけることの怖さを思い知る機会になりました。以来，長く休んでいる子どもと会う時には，まず最初に子どもが自分自身をどうとらえているかに気を配り，同時にその子が大人に求めている接し方に気づいていくようにしました。そして，その子の望むままにつきあう時間を経て，その子が大人から十分に理解されていると安心してから，その子の良さが発揮できるライフスタイルの立て直しを一緒に考えるようにしてきました。

　こうした子どもの自己認識を大人が踏まえるということは，当然のことのように思えますが，実際に行なうとなると，とても大変なことです。子どもの側に立つことを徹底しようとするのならば，まずは「学校を休んでいる→不登校」という短絡した考え方を捨て去ることでしょう。学校を休んでいる事実は共有したうえで，その子の思いを十分受けとめた表現をするだけでも，子どもは，この大人はわかってくれそうだ，と思うはずです。そう考えれば，言葉ひとつに慎重さが求められます。

　どのように大人が子どもと向き合おうと努力してみても不自然さがあるでしょうが，そうしたぎこちなさや，優柔不断さ，いい加減さも見せつつ，しかし，大人もこうして前に進んだり後戻りしたりするんだよ，という"揺れ"を，子どもと一緒に共鳴しあうことが発達支援として大切だと思うのです。特に学校を長期に休んでしまったり，社会の入り口で迷っている若者への，穏やかながらも最も効果的な対応であると考えます。

　大人も揺れながら，少し遠回りした生き方になっている子どもたちの姿を追いかけてみましょう。

2.　不登校の現状

　子どもが学校を休むことを最も簡単にいえば「欠席」でしょう。しかし，子どもが欠席し，その理由が教師や親にとって理解するのが困難で，しかも進級して学年を越えるほど長い期間休むようになると，それに新たな名前を付けるようになってきました。誰が，どこでそう呼んだのかは問わず，わが国の長期

欠席の呼び方の代表的なものを古い順に示してみます。「怠学^{たいがく}」「学校恐怖（症）」「学校ぎらい」「登校拒否」といったものがあげられるでしょう。

　近年では，マスコミなども含めて「不登校」と呼ばれるようになってきました。学校を長期に休む子を登校拒否と大人が呼ぶのは簡単ですが，子どもは決して登校を拒否しているわけではなく，学校に行きたいのに，行くことができない，または，学校に行かない生き方を選んでいることを総称しているようです。

　では，不登校の概念を整理してみましょう。和田（1972）はおおよそ次の項目をあげました。

　①学校に行かないという現象を示す

　②病気の療養のための就学不能を除く

　③親の無理解や貧困による不就学を除く

　④非行が原因のサボリも除く

　⑤学校に行かないことに伴う精神病理的な問題がある（イライラから生じると思われる手洗いの強迫行動など）

　これら5項目を満たすものです。この不登校という表現がよく用いられるのは，なぜ学校に行かないのか，という理由には触れず，あくまでも学校に行っていないという事実について，簡潔で控えめに言い尽くしているからだと思われます。

　長期に欠席する子どもたちの言い分は実に多様です。行きたくても行けない子がいれば，本当に登校を拒否している子もいます。子ども自身の本音も変化します。それらを包み込むのが，不登校という表現であると考えてよいでしょう。

　ところで文部科学省（2007）によれば近年の不登校児童生徒数の推移は，減少傾向にあるとしています。しかし，まだ相当な数にのぼっていることも事実です。平成17（2005）年度に「不登校」として年間30日以上欠席した小・中学生は12万人以上です。さかのぼれば不登校数がピークだった平成13（2001）年度は，ほとんどの中学校のクラスに1人は不登校の生徒がいた，という計算も成り立ちました。最新の文部科学省（2017）の統計を見てみますと，平成24（2012）年度まで不登校の小・中学生数は減少を続けていましたが，再び増

120　第 10 章　不登校・高校中退・ひきこもり

加する傾向が見られています。平成 28（2016）年度は 134,398 人まで増えています。

　さて一時的にせよ減少傾向が続いたのは，不登校対策の成果が現われているとも考えられますが，筆者自身がスクールカウンセラーや適応指導教室のスーパーバイザーとしてかかわってきた経験からすると，不登校は確実に減少したという感触よりも，子どもの学校不適応の現われ方が多様化し，教員やスクールカウンセラーのかかわり方は，かえって難しくなっている印象をもっています。従来から言われている不登校の典型例のような，学校の近くまでは来ても校門をくぐることができないという子どももいる反面，後述しますが，校内には入れても教室には入れない，友達と顔を合わせられない，といった子どもが増えてきています。

　また，不登校になり自宅にいる子どもに対してインターネットを活用し，訪問指導等も適切に行なわれていれば，校長は出席の扱いにすることができると文部科学省が認めてからは，従来ならば不登校として数えられていた子どもたちも，「表向きは」不登校ではないことになりました。出席として数えられることでありがたいと思うこともありますが，出席日数としては数えられたけれども，教育指導として大切な何かが忘れられていないか？という心配も残ります。

　このように，数値の上での不登校は減少していても，それと引き換えに不登校の状態像は多様化してきている現実を理解しておくことが必要でしょう。

3.　不登校児のケアと予防

　不登校の子どもが学校に通いたくなる大原則は，それが一番難しいことでしょうが，学校が楽しい場所になること（小林, 2005）です。それは，子どものわがままが言い放題というのではないのに，なぜか楽しい場所でなければなりません。大人も，楽しい学校とはどういう場所なのかを考えてみていいでしょう。

　もっとも，不登校の子どもの成長を示す基礎資料には，救われる結果が現われています。不登校状態になった子をもつ保護者に，教師やスクールカウンセ

ラーがよく言う「いつか必ず良くなりますから……」という助言には，それを
支えるデータがあるのです。

　小林（2003）が紹介している調査結果を参考にすると，中学校3年生の時，
文部科学省の基準でもある年間30日以上欠席した生徒の5年後，つまり20歳
の時の状態を尋ねると，実に77％の方が仕事または学校に所属していると回
答しています。この結果は，ある時期に身動きができない不登校児とその保護
者，教師たちに，大きな励ましになるでしょう。不登校状態を経験した4人の
うちの3人は，前向きな生活を営むことが可能であると考えていいと思います。
しかし不登校になった子どもを，見守りさえすれば好転するのではありません。
教育政策の動向もしっかり読み解く必要があります。

　わが国では1992年，当時の文部省による学校不適応対策調査研究協力者会
議報告において「登校拒否はどの子どもにも起こりうるもの，登校への促しは
状況を悪化してしまう，外部機関や専門家と連携する」ことが指摘されました
が，なぜかうまく読み解けず「不登校はどんな子どもにでも起こることなのだ
から，一所懸命かかわる必要はない，無理に登校を促す必要はない，スクール
カウンセラーや校外の相談機関に任せたら，不登校とは関わるべきではない」
と考えてしまった教育関係者が，ごく一部にいたようです。

　そこで2003年に，さらに踏み込んだ提言として不登校問題に関する調査研
究協力者会議報告が公開されました。ここには，不登校の解決目標は「将来的
に精神的にも経済的にも自立し，豊かな人生を送れるよう，その社会的自立に
向けて支援すること」とされています。不登校ではない子どもにとっても共通
する教育上の大切な視点が記されています。

　文部科学省の2つの報告では，それぞれに，不登校児をなんとかしたい，と
いう思いはあったのでしょうが，報告する側と報告を読む側のあいだに，少し
ズレが生じていたかもしれません（尾木，2003）。これらの報告と，先の小林
の紹介するデータを踏まえて，不登校のケアと予防について整理してみます。

　①ケアと予防の総責任者は教師。その教師を同僚教師や養護教諭，スクール
カウンセラーがバックアップする支援体制を作る。

　②不登校の子どもには，休み始めから積極的にかかわる。再登校支援と将来
のことを常に考える。最初に頻繁にかかわり，だんだんかかわりが少なくなる

ことこそ，休んでいる子の人間不信を増大させる。ペース配分を考え，無理なくかかわる。

③不登校の原因探しに，必要以上にとらわれない。校長先生の顔が気に食わないから学校に行かない，と子どもからいわれても，どうすることもできないのだから。

④予防は楽しいクラス運営，学校作りに尽きる。しかし，クラスにも学校にも，ましてや社会にも，嫌なことは常に存在する。せめて教師は，子どもがどんなことを嫌なこととして感じるのかについて敏感になりたい。

⑤今は教室に姿を見せていない子どもの5年後，10年後を見越して，さまざまな教育内容を用意しておくことも，教師の重要な仕事である。

不登校の原因について，1位は友人関係（45.0％），2位は学業の不振（27.6％），3位は教師との関係（20.8％）である（小林，2005）という指摘もあります。ここから考えられるのは，スクールカウンセラーは側面から友人関係について気づく可能性があるかもしれません。教師は学業不振について，いろいろと対策が打てるはずです。もしかしたら，教師の教え方が少し上手になるだけで，子どもたちも楽しく授業に参加できるようになり，結果的に不登校の予防になる場合もあるでしょう。そして3位を見ると，特に教師は，常に自分の言動を振り返る必要があることを教えてくれます。

また，意外に思われるかもしれませんが，休み始めた子どもを，かかわる側がしっかりサポートしてあげて，ある期間は学校をきちんと休ませてあげること（小野，2006）も，とても重要です。どうしても休まなければならないような状況で，子ども本人の思いを無視して登校させ，のちに強い人間不信に陥る場合もあります。「今は休むしかないなあ。しかし，学校に行きたくなったら，応援するよ」といって子どもをがっちりと受けとめてあげたいものです。学校を休むという冒険に，一緒に勇気をもって付き合うのです。

とにかく長期的な見通しは悪くないことを信じて，この章の冒頭にも記しましたが，時には教師やスクールカウンセラーも子どもと思いっ切り遊ぶなどして，休んでいる時間を有意義に使うことが，最大のケアであり予防になると考えてよいでしょう。

4. 保健室登校とフリースクール

不登校の現状のところでも述べましたが，学校に行くことができないという典型的な不登校の子どもの他に，不登校のタイプの1つとして考えられるようですが，学校の敷地の中に入ることは可能でありながら，自分の教室には入ることができない，教室の中に入ると身動きができなくなってしまう，という子どもも増えてきているようです。

そうした子どもたちを受けとめるのが保健室ということになり，子どもたちも，学校に来てなんとか過ごせる場所として，保健室なら大丈夫です，と過ごし始めることによって「保健室登校」というスタイルで学校生活を送る子どもたちが増えてきたわけです。保健室と似た機能をもつからでしょうか，近年，急速に整備が進んだ校内の教育相談室にも，教室には入ることができない，という子どもたちが集まり始め，「相談室登校」としてなじんでいる場合も多くなりました。

ここでは主として保健室登校に限定して考えてみます。正式な調査ではない1990年代半ばのデータによると，学校に来てはいるが一日の大半を保健室で過ごす児童生徒（小・中・高校）が既にその頃で1万人を超えているという試算があります。ということは，今や確実に1万人を超えていることでしょう。また，京都市内の公立中学校で行なわれた実態調査（久保田，2001）からは，興味深い傾向が読み取れます。すなわち，

①保健室登校をする生徒は2：1で女子が多い。養護教諭（一般的には「保健室の先生」）が女性だから？

②保健室登校の生徒の75％が過去にいじめ・校内暴力・不登校といった問題を未整理のまま抱えている

③42％が医療機関等とかかわっている

といった点です。

保健室登校で学校生活を送る子どもたちを，決して不登校の軽症例などと考えてはいけないでしょう。むしろ人間関係の困難さや体調不良と絡みあっていることを考えると，学校に来ることができない不登校の子どもたちとは異なる

問題があり，周囲の大人たちも，より一層丁寧なかかわりが求められると考えるべきです。

　特に注意しなければならないのは，なんとか保健室に登校しているようだからと周囲が安心してしまい，担任教師や親が，子どもへのケアを養護教諭に任せっきりにしてしまうことです。養護教諭は常に校内の子どもたちと教職員の心と身体の健康管理だけでもフル回転のところに，保健室登校の子どもたちのフォローも任せてしまうのは，養護教諭の先生までも追い詰めてしまうことになりかねません。

　結果的に保健室登校の子どもが現われた時こそ，担任をはじめとして学校の各先生方と親は，養護教諭の先生をサポートしながら，完全な不登校にはならず教室には入れないのに保健室に通えるのはなぜだろうということを考えながら，少しずつ支援の輪を広げ，連携を深めていくべきでしょう（氏家, 2003）。

　不登校の子どもには，保健室や相談室の他にも，校外にフリースクールや適応指導教室という通いながら生き方を考えられる場所があります。適応指導教室は市町村の教育委員会が不登校の子どものために設置したもので，かかわる者たちのアイディアで不登校支援のユニークな活動が行なわれる場合（氏家, 2001）もありますが，どちらかといえば公共の教育機関の 1 つとしての役割が求められています。

　これに対して，フリースクールはまさに「フリー＝自由な」スクールといえます。教育内容・活動の自由は当然ですが，最も象徴的な意味としては，行政が法律に基づき税金を財源として設置した制度としての学校に対して自由（フリー）であるということでしょう。おもしろいたとえとして，日本ではスクールと名のつくところは，公的な学校ではない，と思った方がよいという紹介の仕方です（NPO 法人東京シューレ, 2000）。

　フリースクールは不登校やいじめの増加が背景となって設立されることが多いようにも思われますが，その設立を志した人々にはさまざまな思いがあるでしょう。フリースクールを主宰する者やそこを自らの学びの場とする者も，情熱をもってかかわることから，公教育にはない魅力を生み出してきたと思います。ただ，同時にあくまでもフリーなあり方を貫くということは，公的な補助が受けにくく，どうしても運営に関する経済基盤は弱くなりがちかもしれませ

ん。また，スクールの目的は不登校の子どもの心の居場所であったとしても，実際の活動としては，冒険をメインとするところ，受験勉強をメインとするところなどさまざまであり，フリースクールの中身については，十分な情報を提供してもらうことが必要でしょう。

わが国のフリースクールでは，大きな課題がありました。不登校の子どもはフリースクールで自ら納得のいく教育を受けても，進級・卒業の認定は公的な学校である元々の在籍校で行なわれて二重在籍の形を取ってきたことです。さらに近年，前にも述べたようにインターネットの活用による学習などを前提にして，在宅で過ごしていた不登校の子どもにも学校が出席扱いをするようになりました。

不登校の子どもはフリースクールに愛着があっても，結局「学歴（最終学校歴）」としては元々の在籍校に従わなければならず，また，公教育がフリースクールのあり方から柔軟性を学んだことで，出席や単位の認定に融通が利くようになり，子どもたちはフリースクールよりもさらに違った活動の場に挑んでいくことも考えられます。

今後，フリースクールは不登校の子どもたちの居場所という役割を超えて，学校をはじめとした教育活動全般の先進的なお手本を示していくことが期待されます。

5. 高校中退とひきこもり

不登校経験の有無にかかわらず，あこがれの高校に入学した者の中から，平成 17（2005）年度だけでも 7 万人を超える中途退学者（以下，中退者）が出ました。高校在籍者に占める中退者の割合（中退率）は 2.1％です。中退の理由は「学校生活・学業不適応」が最も多く 38.6％，次いで「進路変更」が 34.2％でした。

しかし，中退者数・中退率ともに平成 13（2001）年度以降，前年を確実に下回り続け，明らかに減少しています（文部科学省，2007, 2017）。

これは，教育関係者にキャリア教育の重要性が理解されつつあると見ることもできますし，単位制高校のような自由な校風がキャッチフレーズになってい

る高校が増加するなど，高校の教育方法にも柔軟さが増え，生徒のライフスタイルの多様化に，少しずつ対応できていると見ることもできるでしょう。

　生涯発達の視点で見れば，高校に入学した全員が常に進路に納得しているわけではないと考えるべきでしょう。人は迷いながら人生を歩んでいると思うべきです。進路においても迷った時，進路を変更しなければならなくなった時，そして，不本意にも中退してしまった時こそ，本人が必要とすれば，教師やカウンセラーのみならず，少し先に悩みの中を生き抜いたすべての大人が向き合ってあげたいと思います。誰でもが進路には悩むということ，そしてたとえ高校中退という結果になったとしても，必要な試行錯誤であると共有してくれる他者がいれば，また新たな人生を歩み始められるはずです。

　さて，不登校や高校中退をした方のごく一部には，社会に出ること，もっと正確に言えば社会の中である程度の役割を演じながら，自分と自分の周辺の人々との間に，互いに踏み込んだ人間関係が築きにくくなる人々がいます。社会的なひきこもりと呼ばれる状態です。

　ひきこもりの状態像を倉本・大竹（2005）を参考にして描いてみます。

　①自室，自宅の中でのみ生活をしている。夜中にコンビニエンスストアに買い物に行くことなどは不自由ではない。

　②社会的，学業的，あるいは職業的な活動に携わりたがらない。

　③20代後半までに問題化し，6ヵ月以上持続している。

　④精神疾患・身体疾患が第一原因となっている外出困難ではない。

　⑤家族や友人の一部とは，ある程度は普通の人間関係を維持している。決して会話が成立しない，というわけではない。

　⑥家族・友人は当然ながら本人の置かれている状況を大変心配している。もちろん，本人も大変なあせりの中にいるが，あまりそのことを認めたがらない。

　そんなひきこもりの人々に，一粒服用すれば元気が出る薬や，対人関係が積極的になるドリンク剤はありません。

　ひきこもっていた本人が，自らの意思でなんとか現状を打開したいと動き出した時が，援助としてのかかわりの貴重な第一歩と言えるでしょう（斎藤，2003）。

では，その本人が動き出す時はいつなのかについては，明確な見当がつけられるものでもありません。しかし，本人にとっても，家族やかかわる援助者にとっても，気長に動き出す日を待ちたいものです。この気長に待つ時の心の支えは，人は一生涯かけて発達を続けるのだ，という最近の研究だと思います。

6.　発達支援とは生涯発達を共に歩むこと

　子どもの成長が加速したといわれる一方で，社会構造の複雑化は青年期の終期（成人期の開始）をより遅くしたといわれています（岡本・浜田, 1995）。さらに，年をとることを恐れる必要はない，うまく年を重ねる可能性はあるという生涯発達心理学の考え方（高橋・波多野, 1990）は，不登校やひきこもりの立ち直りに，大きな希望を与えてくれます。長くなった青年期で不登校やひきこもりをしたとしても，人生を重ねる中で，いくらでも挽回できると教えてくれるからです。

　不登校は生き方だから本人の主張をそのまま受け入れてあげて，すべてまわりが変わってやればよい，というのは，実はなんの解決にもなっていません。結局，自分と自分のまわりとの折り合いがつけられないまま年齢を重ねていくだけです。

　人生のある時期，その子どもは不登校やひきこもりを「せざるをえない」という理解で，子ども側に立ち，本人の思いに寄り添います。そして，この経験がその後の人生の中で，どう考えれば意味があるのかを，気長に控えめに一緒に考え続けるのです。これが生涯発達を見通した発達支援です。悩みをもつ本人こそが自分を援助する専門家であるというナラティブ・アプローチと言ってもいいでしょう（江間, 2005）。

　不登校やひきこもりはもちろん，予期せぬ病気やケガに遭った場合も「個人と時代・社会環境を上手に重ね合わせる」（氏家・藤島, 1997）経験をした方は，その後に似た試練に遭遇した人々の最良の援助者になれると思われます（氏家, 2007）。

文　　献

江間由紀夫　（2005）．医学モデルからリハビリテーションモデルへ　アメリカの脱施設化にみるコミュニティ・ケア実践とパラダイムシフト　精神障害とリハビリテーション, **9**(1), 40-45.

小林正幸　（2003）．不登校児の理解と援助―問題解決と予防のコツ　金剛出版

小林正幸　（2005）．不登校についての基本的なとらえ方・考え方　小林正幸・小野昌彦（共著）教師のための不登校サポートマニュアル　不登校ゼロへの挑戦　明治図書　pp.11-38.

久保田子　（2001）．実態調査による保健室登校の現状　保健室, **97**, 13-20.

倉本英彦・大竹由美子　（2005）．ひきこもりの歴史的展望　こころの科学, **123**(特別企画ひきこもり), 31-35.

文部科学省（編）（2007）．平成18年度文部科学白書　教育再生への取組／文化芸術立国の実現　pp.108-113.

文部科学省初等中等教育局児童生徒課　（2017）．平成28年度「児童生徒の問題行動・不登校等生徒指導上の諸問題に関する調査」

NPO法人東京シューレ　（2000）．フリースクールとはなにか　子どもが創る・子どもと創る　教育史料出版会

尾木和英　（2003）．平成15年報告書をまとめて―求められる適切・効果的な対応検証〈不登校〉問題の新たな展開　総合教育技術, **58**(3), 16-19.

岡本夏木・浜田寿美男　（1995）．子どもと教育　発達心理学入門　岩波書店

小野昌彦　（2006）．不登校ゼロの達成　明治図書

斎藤　環　（2003）．OK? ひきこもりOK!　マガジンハウス

高橋恵子・波多野誼余夫　（1990）．生涯発達の心理学　岩波書店

氏家靖浩　（1998）．僕たちの遊びをわかってほしい―不登校の子どもの遊び―　麻生　武・綿巻　徹（編）遊びという謎　ミネルヴァ書房　pp.143-168.

氏家靖浩　（2001）．大学と地域のコラボレーションに支えられた相談・教育活動の実践と課題　教育委員会と共同して進められている不登校児童・生徒と教員志望の大学生のかかわりあい（ライフパートナー事業）について　日本教育心理学会第43回総会発表論文集, S44-S45.

氏家靖浩　（2003）．精神病の発症が考えられる高校生を支える学校援助システムについて　学校精神保健が機能する基本原則　中村圭佐・氏家靖浩（編著）教室の中の気がかりな子　朱鷺書房　pp.149-172.

氏家靖浩　（2007）．地域精神保健領域　日本コミュニティ心理学会（編）コミュニティ心理学ハンドブック　東京大学出版会　pp.471-483.

氏家靖浩・藤島省太　（1997）．精神科リハビリテーションにおける生涯発達について―臨床実践をもとにした試論―　日本教育心理学会第39回総会発表論文集, 156.

和田慶治　（1972）．精神神経症の特殊型　不登校　辻　悟（編）思春期精神医学金原出版　pp.103-114.

コラム4　神経発達症群をもつ子どもと家族

　近年，「発達障害」の診断を受ける子どもの数は増えています。

　診断がくだるとは，親にとってはどのような意味をもつのでしょうか。それは，わが子が「手のかかる普通の子」から「障害児」という，いわば別種の生き物に，変身してしまう，ということです。普通の子であれば，言い聞かせれば，成長すれば，問題は解決するでしょう。手のかかる理由が，障害であるとなると，その子はいつまでたっても手のかかる存在であり続けるのです。ですから，親の方も「障害児の親」という，別の生き物にならなければいけないのですが，そのためには，いくつかのハードルを越えなければなりません。

　まず，現実と向かい合うことです。すべてのプロセスに勇気が必要とされる行為です。「発達障害かもしれない」という心の声に耳を傾けること，家族と話し合うこと，実際に受診すること，どれひとつとっても，親には大変な精神的負担が要求されます。こういった場合，夫婦の足並みがそろっているのは幸福なレアケースであり，現状について，受診の是非について，意見が食い違うことがほとんどです。

　わが家にも，発達障害と診断された子どもがいます。「この子には障害なんかない」「あっても受診は必要ない」と主張する夫を説得して，名古屋市の児童福祉センターで検査を受けるまで，1年以上かかりました。

　診断を受けたら，2つのことを理解する必要があります。

　まず，1つめは，この子に昨日までと同じように接してはいけないと認識することです。障害のある子には，それに応じた接し方があります。それを知って，心がけることです。もちろん，親は神様ではありません。わかっていても実行できないことはあります。それでも，意識があるのとないのとでは，長期的に見ると大きく違ってきます。

　見た目には，わかりにくい障害ですから，「障害児の親」というレッテルや，普通学級に通わせられない煩雑さを避けるため，敢えて診断を受けない，すなわち現実を直視しないという選択は，避けるべきでしょう。子どものうちの，適切なケアは重要です。

　2つめは，それでも彼らの本質は昨日までの彼らと同じであり，愛しいわが子に変わりはないと，忘れないことです。

　そして，きょうだいがいる場合，そのケアも親の大切な役割です。親にとっては，結局わが子に変わりはなく，可愛いので，いったん腹をくくれば，現実はけして受け止められないものではありませんが，きょうだいの場合，それは簡単にはいきません。特に年齢差が小さいと，子どもながらに悩まざるを得ないでしょう。

そもそも，年齢差の小さいきょうだいは，プラスの感情である愛情と，マイナスの感情であるライバル意識が共存する，両義的な関係です。それが，発達障害の子のきょうだいの場合，親の愛情や世話をめぐるライバル関係では，どうしても障害のある子の方に余計に目をかけるという不利な立場におかれるうえに，コミュニケーションがうまくとれない相手であるために，愛情が育ちにくいという，マイナスの感情が強調される関係になってしまいます。さらに，同じ学校に通う場合には，学校生活において，きょうだいが大きな役割を担うことになります。その役割を，きょうだいだからあたりまえ，と切り捨ててしまわないことです。感謝して，ほめて，親の愛情をしっかり伝えるよう努力することで，子どもが本来もっている，きょうだいに対するプラスの感情も伸びていくのです。

　小学校入学以降は，親が社会生活に干渉することは，それほど簡単ではなくなります。しかし，教師や上司に丸投げというわけにはいきません。家族というユニットが，社会全体と対峙するとき，どのようなスタンスをとるべきでしょうか。ケースバイケースなので，正解はありません。しかし，受けいれられることを最重要課題と想定すると，「敵と戦うより味方を増やせ」（堀田，2007）というメソッドは，かなり有効です。

　以前より，かなり改善されましたが，障害に偏見や無理解はつきものです。あきらかな誤解，たとえば「親の育て方が悪いから，こんな子になるんだ」といったものは，きちんと解いておく必要があります。しかし，本質を理解したうえでの，悪意ある差別や偏見には「対処しない」という方策も効果的なのです。そもそも悪意のある相手に，どのように語りかけても，好意的な返答があるわけはありません。いたずらに消耗し，傷つくだけです。そのような孤独な戦いにエネルギーを使うより，理解者や味方を増やした方が，精神的な安定のためにも，良いように思われます。

　なかには，善意に基づく偏見や差別もあります。障害児の理解者であろうとして，子どもに障害のある同級生の世話を強要し，結果的に関係を悪化させてしまう親や，普通の癖（爪を噛む，服の裾をいじる等）をストレスサインと解釈して，過剰に反応する教師といった例です。善意から来ているだけに，対応が難しいのです。このようなときには，どう対処すればよいのでしょう。一見，正当にこちらの意見を伝えることが正しいように思えます。そこまで気を使っていただかなくて結構です，と伝えるのです。しかし，得てしてそれには「せっかく親切にしてやったのに何だ」という反応に結びついてしまうもので，長い目で見ると得策とは言えません。ですから，何も言わないのも一つの手です。確かに，そこに理解はありません。それでも，理解したい，近づきたいという気持ちがあります。その芽を摘んでしまうのは，いかにももったいない気がし

ます。まず，完全な理解はないと割り切って，ゆっくり焦らず，良好な関係に
もっていく努力をしたいものです。

　スムーズな対人関係をもつのが困難な子であればこそ，親が社会との潤滑油
であろうとする必要があります。しかし，それは親にとっても簡単なことでは
ありません。たとえば，小さいうちは，わが子が疎外されたり，悪く言われた
りする場面を目の当たりにしたりすると，親が平静ではいられなくなることも
あります。相手に感情的に抗議したり，いきなり子どもを連れてその場を立ち
去ったりという行動に出てしまうこともあるでしょう。そのようなときにも，
自分を責めないことです。子どもが，少しずつ社会に適応していく訓練を重ね
る必要があるのと同様に，親も少しずつ状況に対処できる能力を身につけてい
けばよいのです。

　発達障害は，100人いれば100通りの症状があると言われる障害です。
そして，それぞれの家族の形が違います。ですから，障害ある子を支える方法
もさまざまです。子どもの障害を通して，絆を強める家族がある一方で，それ
を理由に崩壊し，形を変える家族もあるのが現実です。いかなるケースにおい
ても共通するのは，今いる家族が前向きに，この子を支えていこうと思わなけ
れば，事態は好転しないということです。

　すべては，見方を変えることが可能なのです。筆者には，次男が発達障害だ
ったから出会えた幸福がたくさんあります。2歳から3歳にかけて，彼の障
害を否定し続けた夫は，その後，次男について話すとき，「障害があるから，
どんなふうに育つか楽しみだ」というようになりました。どんな子どもの発達
も，親にとっては嬉しいものですが，話せて当然の子が話せるようになること
と，そうではない子がその能力を獲得することは違います。何かができるよう
になるたび，大きな感動を親に与えてくれるのが，障害のある子どもです。ま
た，人の優しさを実感できるのも，次男の障害があればこそです。何かとでき
ないことの多い彼をめぐる幼児の言動には，思いやりのあるものも，差別的・
攻撃的なものもありますが，私は前者が多いと感じています。そこから得られ
る感動も，健常と言われる子だけを育てていては得られないものです。

　発達障害をもつ子どもたちは，さまざまな問題を抱えており，親の悩みはつ
きません。しかし，同時に独特の魅力を備えた子どもたちであるのも事実です。
親はまず，その魅力をありのままに受け入れ，楽しむことです。「可愛いけど，
障害がある」のではなく，「障害があるけど，可愛い」のです。

　そして，それを周囲にも伝えるべく，無理せず，できる範囲の努力をしてい
くことです。

　先天的な脳の機能障害は治るものではありません。わが子の障害に，何十年
とつきあっていかなければならないと考えると，その先行きに何があるのか辛

い気持ちになるかもしれません。けれど見方を変えれば，何十年を共に生きていけるということでもあるのです。

文　　献

堀田あけみ　（2007）．発達障害だって大丈夫　自閉症の子を育てる幸せ　河出書房新社

い じ め

1. いじめの定義と現状

[1]「いじめ」の理解

　いじめは，法律上では「一定の者から特定の者」として，加害者・被害者を限定し，かつ「集中的，継続的」な特殊な行動を取り上げなくては，罪として扱うことが難しいとされていますが，教育現場でいじめを扱う際には，これとは異なるとらえ方である必要があります。

　文部科学省による「いじめ」の定義は，昭和61年から数度の変遷を経ています。平成25（2013）年には「いじめ防止対策推進法」が公布され，その中では，「いじめ」を「児童生徒に対して，当該児童生徒が在籍する学校に在籍している等当該児童生徒と一定の人的関係にある他の児童生徒が行う心理的又は物理的な影響を与える行為（インターネットを通じて行われるものを含む。）であって，当該行為の対象となった児童生徒が心身の苦痛を感じているもの」と定義し，基準を「他の児童生徒が行う心理的又は物理的な影響を与える行為」により「対象生徒が心身の苦痛を感じているもの」としています。

　森田・清永（1994）は，「同一集団内の相互作用過程において優位にたつ一方が，意識的に，あるいは集合的に，他方に対して精神的・身体的苦痛をあたえること」と定義したうえで，いじめは四層構造からなっている「教室の病」であることを明確に述べています。いじめは加害者・被害者の二層だけで成り立っているのではなく，そのいじめをはやしたておもしろがって見ている子ど

もたち（観衆）と，見て見ぬふりをしている子どもたち（傍観者）という，も
う二つの層が存在して初めて，いじめとして立ち現われてくるのです。

　森田ら（1994）の，「人はなぜいじめを働くのかではなく，人はなぜいじめ
を働かないのか。（中略）いじめ加害者は責められる存在でも責められない存
在でもなく，何がいじめを噴出させたかを指し示してくれるインデケータであ
る。いじめの暴走を阻止する歯止めの何かがあって，ようやくいじめは止まっ
ているのだ。その阻止作用の役割を果たす何モノかが脆弱化あるいは機能不全
に陥ることにより，いじめは発生する」という視座は，教育現場でいじめを考
えるうえでは大変重要なポイントであると筆者は考えています。

［2］ いじめの現状

　文部科学省は毎年いじめの「認知件数」を調査し，公表していますが，都道
府県間や学校間における差は大きく，それは「いじめ」をどうとらえるかの意
識の違いが影響していると考えられます。

　国立教育政策研究所が行った「いじめ追跡調査 2013−2015」によれば，中 1
の 6 月から中 3 の 11 月まで の 6 回の調査時点中 6 回とも「週に 1 回以上」の
被害経験があったと答えた生徒はわずか 2 名（全体の 0.3％）ですが，6 回と
も被害経験が「ぜんぜんなかった」と答えた生徒も 200 名（全体の 31.5％）に
とどまっています。加害経験についても，6 回とも加害経験が「ぜんぜんなかっ
た」と答えた生徒は 635 名中の 217 名（34.2％）であり，被害経験と同様，多
くの生徒が加害の経験を持っていることが示されています。

　多くの学校で，多くの子どもが入れ替わりながらいじめに巻き込まれている
実態があると言えます。

　「いじめは昔からある」「いじめは子どものけんか」といわれることがありま
す。子どもたちが異年齢集団で遊ぶ経験が激減し，異質なものと出会う機会が
減り，遊びや喧嘩のルールが伝承されにくくなっています。外遊びが減り，き
ょうだいが減り，地域とのかかわりもほとんどなくなり，家庭の中で個室化の
傾向が高まり，という中で，子どもたちの中で何が起きているのか，大人たち
にどんどん見えにくくなっています。現在のいじめはその限られた遊び仲間の
中で起きることも多く，理由やきっかけも些細なこと，不鮮明であることが多

く，また加害者から被害者へ，被害者から加害者への移行も少なくない混沌と
した形になってきている傾向があるようです（山脇，2006）。森田ら（1994）も，
1978年以降とそれ以前で加害者側の犯罪性の意識の程度が低くなってしまっ
ていることを指摘しています。

　いじめはどの時代にも存在しますが，その質は常に変化しており，大人世代
が，自分自身の子ども時代の感覚だけで，今の世代の子どもたちのいじめを理
解し，解決しようとしても，ずれることが多いことに十分留意する必要がある
でしょう。

2.　いじめへの対応

[1]　その基本的な考え方

　いじめ対応の基本は，「いじめが起きてしまうことを阻止する機能を学校の
中に構築していくこと」しかないと筆者は考えています。厳しい現場でいじめ
と向き合っている人たちの著書からも，その道しかないことがうかがえます。

　東京都児童相談センター心理司の山脇（2006）は『教室の悪魔―見えない
「いじめ」を解決するために―』というセンセーショナルな題名の著書の中で，
「いじめがあったかなかったかの議論はしない（被害者が『いじめがあった』
と言えば，あったとするということ）」「加害者の責任追及は別の場で行う」こ
と，「被害者以外は全員加害者であること」等が対応の基本であると述べてい
ます。

　向山（2007）は『「いじめ」は必ず解決できる―現場で闘う教師たちの実践』
の中で，「いじめはどの学校にもあるものだという前提に立」ち，「教師は親か
ら訴えられると，まず調査をする。ただし，力のある教師は『すぐ』に行動し
て，『いじめ』の事実があれば『即行動』にうつす」。いじめを「学校全体の問
題として」取り上げ，いじめを許さない集団にするため，「傍観者・観衆」の
立場にいる子どもたちへの働きかけを中心に行なっている実践を書いていま
す。

　いじめ加害者に対して，出席停止を含め，厳罰化が主張されることも多いの
ですが，多くの実践や研究はそれを支持していません。いじめ加害者個人を取

136　第11章　い じ め

り上げるのではなく，いじめ加害者がいじめをしてしまうことを止められない
その集団全体—クラス，学校，家庭，地域—を問題とし，どこに，どのように
働きかけることで歯止めがかかるのかを考えていくことが重要でしょう。

　もちろん，恐喝，傷害等，法に触れる行為に対しては，その触法行為に対し
て，警察への通報など，毅然とした対応をする必要があります。山脇（2006）
の「別の場で行う」ということでしょう。

　おおっぴらには言わないものの，蔭では「いじめられる子に問題がある」
「いじめられた子が強くなるべきだ」といった言説が飛び交うことも多いので
すが，むしろそうした主張こそがいじめを発現させるのです。仮に，ある子ど
もが集団から大きく逸脱した行動をとる，周りの子どもに不快感や，迷惑を与
えているという事実が仮にあったとしても，だからといっていじめをしてよい
ということは，絶対にないはずです。「ああいう子だから，いじめられても仕
方ないよね」という感覚をその集団が共有した時点で，いじめが立ち現れてく
るということです。

［2］ 大人たちのチーム力

　教師や保護者の一言がいじめの引き金になることは，例外的なことではあり
ません。いじめ加害の心はいじめ加害をしている子どもの心だけに存在するも
のでも，子どもの世界だけに存在するものでもなく，大人たちの世界にも存在
し，いじめに対応している大人たち自身の心の中にも存在しているのです。そ
れを踏まえることにより，いじめ加害をしている子ども個人を断罪することを
避け，いじめをしてしまうことから子どもたちを守る姿勢，いわゆる「罪を憎
んで人を憎まず」の姿勢をとりやすくなるでしょう。

　「いじめがあったか，なかったか」とか，「いじめの程度」を問題とするので
はなく，いじめられたと感じた子がいる限りは，大人たちはその子を守り，か
つ，いじめをしてしまう心から，いじめ加害をしている子を救うべく動かなく
てはならないのです。

　加害側のみの罪を断ずることは，その子どもおよび，加害側の保護者の強い
抵抗を招き，泥沼化を招く可能性があります。被害側にもその責の一部がある
と感じる大人の存在は，いじめ加害の現実を曖昧なものにしてしまいます。被

害側の保護者がいたずらに加害側や学校を責め立てることは，加害側・被害側とされた以外の子どもや保護者の協力を得にくくさせてしまいますし，学校がそのいじめへの対応で，健全に動くことを阻止してしまう結果になりやすいでしょう。

　子どもの周りにいる教師，保護者，地域のすべての大人たちが，「すべての子どもをいじめ加害から守る」という対応がとれることが理想です。ただ，現実的にはかなり難しいことでもあります。しかし，少なくとも学校の管理職を含めた教師チームがこうした姿勢を揺るぎなくもち続け，地域・保護者に粘り強く働きかけていくこと以外に道はないのではないでしょうか。

［3］子どもの力

　「いじめが起きてしまうことを阻止する機能」を考えた際，最も有効なのは，子どもたちの自助の力でしょう。山脇（2006）の事例の中では，いじめ加害の中心にいた子が，「いじめをなくそう委員会」の委員になって活躍しています。いじめ加害へと引っ張る力をもっている子どもはそれなりのエネルギーをもっています。いじめ加害という負のベクトルに向かっていた力を，いじめ阻止という正のベクトルへ向かわせることができれば，そのエネルギーが生かされます。

　また，傍観者の立場ではあるけれど，いじめ加害の状況を傍目で見て心を痛めている子どもたちの力を少しずつでも集めることができれば，集団全体のいじめ加害へのエネルギーは削がれます。

　いじめを加害者‐被害者だけの問題にとどめてしまうことなく，いじめが起きている子ども集団の成員全員の問題として取り扱い，ひとりひとりができることをそれぞれに支援していくことで，いじめを阻止する機能を備えた集団へと転換することができると考えられます。

　この際に，伊藤（2007）も述べているように，図 11-1 のような「大人から子どもへ」ではなく，図 11-2 のような子ども相互の関係を重視した働きかけが有効であると考えられます。

　質問紙調査を用いて，学級のあり方，子どもたちの実態を調査し，提言をしている河村（2007a）は，「ルール＝対人関係，集団活動・生活をする際の決ま

図11-1　教師から子ども個人への働きかけ

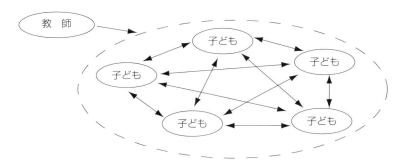

図11-2　子ども相互の関係を重視した働きかけ

り」と「リレーション＝互いの構えのない，ふれあいのある本音の感情交流がある状態」の2つが共に高い状態にある「満足型学級」におけるいじめの発生率を1とした場合，「ルール」は高いが，「リレーション」は低い「管理型学級」は小学校で2.4倍，中学校で1.6倍。「ルール」が低く，「リレーション」が高い「なれ合い型学級」では，小学校で3.6倍，中学校で2倍となっていることを明らかにしています。

　大人からの働きかけも重要であるものの，子どもたち相互の関係も良い状態でないといじめが増えてしまうことを示しています。

［4］いじめへの対応の実際

1）被害にあった子どもへの対応　　筆者が学校で子どもたちに，「いじめにあったとき，大人に相談するか」と質問してみると，年齢が上がるにつれ，「相談しない」と答える子どもが増えるようです。その理由は複数あり，「親が心配するから」「親が怒るから」など，親の感情的反応を危惧するもの。また，

「大人に相談しても解決しないから」「もっとひどくなったことがあるから」等，子どもの望む解決に結びつかないからというものなどがあります。

より低い年齢時に，いじめにさらされ，大人に相談しても解決しなかった，我慢しろといわれた，お前が悪いといわれた等の体験をしてしまうことによって，相談しなくなる傾向が強まるでしょうし，自己肯定感が低く，被害感の強い子ども，対人関係のトラブルへの耐性の低い子どもにしてしまうおそれがあるでしょう。河村（2007b）の調査でも，いじめ被害にあった子どもは，「受容されている感じ」「効力感」が低く，「不安」と「攻撃性」が高いことが示されています。

やっと大人たちにいじめ被害を語り始めた子どもは，当初は淡々と，ごく些細なことであるかのように語り始め，しかし大人たちが自分を批判せず，かつ，動揺せずに聞いてくれる態度を見て，次第にその辛さや大変さを子細に，激しい感情を伴って，語り始めるというパターンが多いものです。まずは，十分に安心して自分の感情を話せる環境作り（＝受容感と効力感の醸成と，不安と攻撃性の発散と昇華）が必要なのです。

多くの子どもはいじめられても，その集団の中で楽しく過ごせるようになりたいと願うものです。「負けるな！」「立ち向かうべきだ！」と大人が被害側の子どもを追いやることは，その子の自己肯定感を阻害するだけです。むしろ，安心できる環境でしっかり自己肯定感を取り戻すことをねらう方が予後はよいと考えます。

2）加害者への対応　いじめ加害が発覚しても，加害の事実を最初から認める子どもはほとんどいません。認めたくないから認めない子どももいますが，「あれは遊び」「あの子が悪いから」「（やっていた子もいるけれど）自分は何もしていない」と実際に感じている子どもが多いものです。誰が，どのようにいじめたのかを調べるのではなく，「いじめられたと感じてしまった子がいる」ことをまずは認め，「どのようにしたら，その子が安心して過ごせるようになるか」を一緒に考えていくことを，集団のメンバー全員に求めるしかないのです。いじめがほんとうにあったかどうかということよりも，いかにその子が被害感を感じずにすむかを考えることなのです。

それを考えるのは，被害を感じている子どもも含め全員です。子どもだけで

はなく，教師・保護者含めて全員です。「被害者以外は全員加害者」の原則です。被害側の子どもはどのような状態なら安心かを他者に伝えることで協力します。いじめ加害の中心人物，中心メンバーが明確にいる場合，恐喝や傷害などの触法行為が認められれば，そのことに関しては警察に連絡しなくてはなりませんが，原則は変わりません。いじめ加害の中心になっている子どもの多くは，その子ども自身が強いストレスにさらされていたり，被虐待体験等，情緒的な課題を抱えているものです。

　いじめ加害の子どもとその保護者を糾弾することは，その攻撃性を加速させることもありますし，また彼らを責め立てること自体が「いじめ加害」そのものともいえ，いじめ加害の連鎖となるといえるでしょう。

3. いじめの予防と人権教育

[1] 人権教育

　森田（1999）は，人権は「人が生きるためにどうしても必要なもの」であり，その内実として「安心して生きる権利」「自信を持って生きる権利」「自分で選んでいく自由の権利」の３つをあげ，「人権概念としての自由とは，自ら考え，自ら行動し，自らその結果を引き受ける」ことだと述べています。また，暴力被害者に必ず共通している３つの心の状態は「恐怖」「無力化」「選択肢がないこと」とも述べています。

　人権教育はその重要さを言われる一方で，「自由の行き過ぎ」が横行するゆえにいじめ加害も起こるのだ的な論調も一部ではくすぶっていることも否定できません。しかし一見，物的には満たされながらも，自然から切り離された情報化社会のストレスにさらされ，少子化・核家族化の中できわめて限られた選択肢しか実感できず，過保護過干渉の中で「自信」を感じられない子どもや，逆にネグレクト的な状況下で「安心」を感じられない子どもたちが，教室という限られた空間の中で，自分自身を守るために，相互に傷つけ合っている状況が「いじめ」なのだと，感じるのは筆者だけでしょうか。

　いじめ被害に遭い，追い詰められた子どもはまさに「恐怖・無力・選択肢がない」と感じています。いじめとはまさに，人権侵害行為であり，それへの対

応はまさに人権教育そのものであるといっても過言ではないと思います。森田ら（1994）も「『いじめ克服の要点』は，いじめ対策を『教育』の次元にまで高めるという努力」であり，「『継続性』と『普遍性』に裏打ちされたいじめ教育を通してしか」達成されないものだろうと述べています。

［2］ いじめの予防

　学級のルールが保たれ，かつ，子ども集団内で相互に本音の感情交流のできている，つまりは「安心」「自信」「自由」を感じられている学級集団ができていれば，最もいじめの発生率が下がると考えられます。

　重要なのは「ルール」と「リレーション」。人権教育的な規範をきちんと伝える，破れ窓理論のように些細な人権侵害的な行動を見逃さない大人たちの行動が，まずは重要ですが，そうした「ルール」を一方的に伝えているだけの「管理型学級」だけではだめで，子どもたち相互に親和的な関係があり，その集団の中で受容されている感覚をもてている（＝リレーション）ことも重要なわけです。このような学級集団は教育が理想としてきた形の1つでもあり，そういう意味では，いじめ防止のための特別な対策ではないともいえるでしょう。

　こうした集団を作っていくためには，ソーシャルスキルトレーニング的な特別な教育的仕掛けも1つの方策ではありますが，意欲的な学習を個々に取り組めるような工夫や，バズ学習的な子どもたち相互の親和的な関係を形成していくような授業，学校行事の枠組みの中でも，やっていく余地が多くあると考えられます。

［3］ いじめ自殺とその予防

　自殺の場合，「死にたい」とつぶやくなど，それなりのサインを出してくれる場合もありますが，一方で身体症状化（不眠，頭痛，腹痛，不定愁訴など）だけの場合や，それも明確に見せなくて，突然という場合も少なくありません。突然の自殺を予防するためには，年間数度のアンケート調査や，その後の個別面談や個別の声かけが重要でしょう。アンケートは自分自身のことを書いてきてくれる場合もありますが，周りの子どもからの回答から気づかされる場合が

少なくありません。大人にはみえていなくても子どもにはみえることは多いものです。

河村（2007a）の調査では，いじめ被害に遭っている子どもの半数近くを教師はノーマークで，また何らか気にかけている場合でも，教師がその子どもをどう見ているかにおいて，「攻撃性の強い子」「自分の感情のコントロールができない子」と見ている場合がそのうちの半数近くを占めていました。

いじめ被害はその当事者の主観でしか測れないものです。また，いじめ被害者は不安感と共に攻撃性も高くなっている場合も多く，大人からは「被害者」としては見えない場合が少なくないことを十分に留意する必要があります。担任だけではなく，養護教諭，スクールカウンセラー等も協力して，気になる子どもに対する個別の面談が必要と考えられます。

文　　献

伊藤亜矢子　（2007）．いじめを生む学級風土とピア・サポート　臨床心理学，**7**(4)，483-487.

河村茂雄　（2007a）．データが語る①学校の課題　図書文化

河村茂雄　（2007b）．データが語る②学校の課題　図書文化

向山洋一　（2007）．「いじめ」は必ず解決できる―現場で闘う教師たちの実践　扶桑社

森田洋司・清永賢二　（1994）．新訂版いじめ―教室の病　金子書房

森田ゆり　（1999）．子どもと暴力　岩波書店

山脇由貴子　（2006）．教室の悪魔　ポプラ社

学校の人間関係を改善する

　毎年文部科学省では，学校における児童生徒の問題行動・不登校等生徒指導上の諸課題に関する調査を全国都道府県および市町村教育委員会を通して行っています。平成28（2016）年度は，小・中・高等学校における，暴力行為の発生件数は59,457件（前年度56,806件）であり，児童生徒1,000人当たりの発生件数は4.4件（前年度4.2件）でした。また，小・中・高等学校及び特別支援学校におけるいじめの認知件数は323,808件（前年度225,132件）と前年度より98,676件増加しており，児童生徒1,000人当たりの認知件数は23.9件（前年度16.5件）になっています。

　小・中学校における，長期欠席者数は，207,006人（前年度194,898人）であり，このうち，不登校児童生徒数は134,398人（前年度125,991人）です。高等学校における，長期欠席者数は，79,425人（前年度79,357人）で，このうち，不登校生徒数は48,579人（前年度49,563人）です。また、小・中・高等学校から報告のあった自殺した児童生徒数は244人（前年度215人）にのぼっています。

　全体的に教育委員会に報告される児童生徒の問題行動・不登校等生徒指導上の課題となる生徒数は増加傾向にあるといえます。これらの問題状況の背景には人間関係の問題が起因していることは推測できます。

　石田（2005）は，日本の文化の時代的な流れを概観し，人間関係にかかわる社会的要因として，直接関係行動の減少要因，間接関係行動の増加要因，関係排斥行動要因といった人間関係行動の増減要因を取り上げ分析を行ない，日常生活における直接対人的交渉の減少と間接的なコミュニケーションの増加を指

144　第12章　学校の人間関係を改善する

摘しています。そして，対人関係のスキルや対人関係能力は，直接関係行動に
おいて形成されるものであり，直接体験の欠如を克服するために人間関係を学
習する場をつくる必要性が生まれてきていると述べています。

　最近，文部科学省は，現行のいじめの定義に，インターネットや携帯電話で
の誹謗中傷を加えることを検討しています。このことは，いかに子どもたちが
バーチャルな世界で生活をしており，その世界の中でも問題行動が顕在化して
きているといった問題とともに，人とかかわるといった直接体験が少ない現代
社会になってきていることを示していると考えられます。

1.　人間関係はなぜ必要か

[1]　脳科学研究の視点から

　最近，少年事件が多発するなか，突発的な攻撃性（いわゆる「キレる」言動），
反社会的行動などの諸問題の要素に，認知，感情，行動の制御なども問題とし
て考えられ，医学的な知見から子どもたちの心の問題へのアプローチが行なわ
れています。文部科学省において「情動の科学的解明と教育等への応用に関す
る検討会」が設置され（2004年12月），医学・脳科学的な視点から子どもた
ちの情動や心の発達に関する解明を行ない，その成果を今後の教育実践に応用
する提言を行なった報告書が出されています（文部科学省，2005）。

　それによると，親子関係における適切な愛着形成が子どもの対人関係能力や
社会的適応能力の育成のためには必要であると提案する一方，脳科学の知見か
ら教育全体への提言を行なっています。

　大脳皮質の前頭連合野と海馬や扁桃体を含めた大脳辺縁系は相互に影響し合
っており，情動を考えるうえで大切な部位であることが報告されています。特
に，前頭連合野はコミュニケーション機能，意志，意欲，記憶，注意等人間に
とって重要な高次の機能を担っています。前頭連合野の感受性期（臨界期）は，
シナプス増減の推移から8歳くらいがピークで20歳くらいまで続くと推定し
ています。この時期，とりわけ小学生頃における社会関係を学ぶ場，直接体験
する場が必要になってくると考えられています。「この前頭連合野の機能が十
分に発達すると，『前向きで計画的，個性的で独創的，優れた問題解決能力を

持つこと』等に繋がると思われる」と報告されています。

　一方，情動に重要な働きをする扁桃体も思春期に発達すると考えられ，喜怒哀楽に関する表情の認知など扁桃体が関与する機能の発達も思春期までかかるとされています。こうしたことから，「自分自身を目標に向かって動機づけ，他人の情動を理解し，自己の情動を知ると同時に制御し，人間関係をうまく処理する能力の発達には，大脳辺縁系−前頭葉間のバランスのとれた発達が重要であり，両脳領域間の相互作用を考慮した効果的な教育的方策を研究していくことが望ましい」と報告しています。

　こうした報告を通して，家族や地域社会の中で，人間関係を直接体験する場をいかに創り出すかが重要な課題になってきているといえます。特に，インターネットや携帯電話の発達に伴い，バーチャルな世界で生活する子どもが多くなってきている現代社会にあっては，学校教育現場において直接体験を通して人間関係づくりを行なう授業実践が喫緊の課題になってきているといえます。

［2］　関係的な存在としての人間観から

　私たちにとって，人間関係をどのようにとらえるかは自己理解を深めるための学習を考える際にとても重要になります。さまざまな他者との関係において自己は変化するものなのか，それとも一貫性をもっているものなのかといった議論があります。人間関係において一貫性のなさ，とりわけ青年期においてみせかけの自己行動と精神的健康との関連を調べ，関係に応じて自己が変化することの否定的な影響を示した研究もあります（堀田・無藤, 2001）。一方，セルフ・モニタリングの視点からは，自己が関係や状況に応じて変化することは，外界への柔軟で適応的な能力の現われとしてとらえることができます（Gangestad & Snyder, 2000）。

　さまざまな人間関係を通して，自らの人とのかかわり方を学ぶためには，一貫した共通の自分のかかわり方とともに，他者との関係で変化する自分自身をとらえる視点も大切になります。単に，他者に応じて変化していることはみせかけの自己行動ではなく，より適応的な自分の行動の現われとして理解することは自己を肯定的に考えるためには重要であると考えられます。

　日常の人間関係の場においても，他者とまったくかかわりがない場合，自分

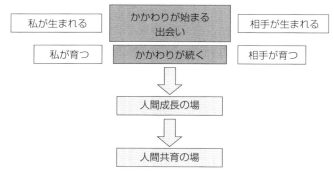

図12-1　人間関係とは

の存在は何も意味をなさないと言えるでしょう。たとえ，教師が生徒の前に立ったとしても生徒が何の反応も示さなかったり，生徒が携帯などに触り自分の世界に閉じこもっていたりして，なんらかかわりをもたないなら，教師としての存在を打ち消されたことになるといえるでしょう。まさにかかわりがあってはじめて教師として意味ある存在になるといえるのです。

　人間関係とは，かかわりが始まり，出会いが起こるその瞬間に私が生まれるといったシンボリックな表現をしたいと考えています。相手との出会い，関係が生まれたそのとき，相手との関係の中で，自分はどのような人間なのか，この人と一緒にやっていける存在なのかなど，不安や期待など自分の内面でたくさんの問いが発せられます。そして，関係が続いていく過程を通して，相手との関係の中で自分がなくてはならない存在になったり，あまり値打ちない存在ではないかと感じたりと，いろいろな自己を形成していきます。人間関係とは，私が生まれ育つ場と考えることができます。この世に生を受け，養育者に育てられるなかで今の私を特徴づける性格や自己概念や価値観などが形成されてきています。このことを積極的に考えますと，これからどのような人と出会い，どのようなかかわりを体験するかで新しい私が生まれ育つ可能性をもっているといえるでしょう。

　一方，人間関係は，相互関係ですから，他者と出会いかかわりが続くことは，相手を誕生させ育てていることでもあります。教師という自分は生徒を育てるとともに，生徒に育ててもらっているといえるのです。

このように考えると，人間関係は人を誕生させ人を育てる大切な場，まさに教育の場であり，人間が人間として成長していくためにはなくてはならない場なのです。このように人間を関係的な存在としてとらえることによって，今ここで出会う体験そのものに積極的な意味を見いだすことができるのです。

[3] 関係が成長欲求を高めることから

　人間関係の場がどのような場になることを私たちは望んでいるのでしょうか。マズロー（Maslow, A. H.）の欲求階層モデルから考えてみます。マズローは，図12-2に示すような5段階の欲求階層モデルを提唱しています。人間関係にかかわる欲求は，3番目の愛情・所属の欲求といわれるものです。この欲求は，自分が所属している集団の成員であることを認めてもらえることや成員から愛情を注がれることを求める欲求です。人間関係があってはじめてこの欲求を満たすことになります。逆に，かかわりがないことはこの欲求を阻止することになります。学校で学級や班活動などで，グループを形成した初期の頃は特にその関係の中でこの欲求を満たすことができるような教育的活動を計画することが大切になります。第1段階の生理的欲求では食欲や排泄，睡眠などの生理的な欲求が十分に満たされていること，第2段階の安全・安定の欲求では身体の危険や心理的な不安などからの回避する安全や安心の欲求が満たされていることが，第3段階の愛情・所属の欲求が生まれる前提と考えられます。

　第3段階の欲求が満たされると，他者から尊敬されたいとか注目を受け賞賛されたいといった第4段階の承認・自尊の欲求を満たそうとするとマズローは述べています。それらが満たされると，自分のもっている能力をさらに高めたい欲求や自分の潜在的な能力・可能性を探求して自己実現・自己充足を求める

図12-2　マズローによる欲求の階層モデル（Maslow, 1970）

148 第 12 章　学校の人間関係を改善する

自己実現の欲求が生まれると考えられています。

　このような人間観は，人間は学習の環境が整えば学習者自らが目標を設定しそれに向かって進む力をもっているといった人間に対して全幅の信頼をもつ考え方です。この考え方は，組織心理学者のマグレガー（McGregor, D.）の X 理論 Y 理論にも影響を与え，従業員の仕事へのモチベーションは職場環境が整えば自らの目標を立て意欲的に仕事にエネルギーをかけるといった Y 理論に展開されています。非指示的療法・人間中心のアプローチのカウンセリングの創始者であるロジャーズ（Rogers, C. R.）も，このように人間を信頼する人間観に立っています。自己主導型教育の提唱者であるノールズ（Knowles, M. S.）も，学習者は自らの学習目標を自己決定し体験を通して自らの力で学ぶ力をもっているといった学習者観を主張しています。

　このような人間観に立つならば，学校教育における学習場面も含め人が生活しているあらゆる場面において，自らの欲求を満たしさらに高め，自己実現を図るためには人間関係のありようがとても重要になってくると考えられます。

2.　人間関係を学ぶためには

　人間関係をより健全に創り出し，またその人間関係から対人関係力やチームワーク力などを学習するためには，以下に述べるような学習の場づくりが必要になると考えられます。

[1]　関係を観る 2 つの視点

　人間関係をとらえる視点として，コンテントとプロセスといった 2 つの見方があります。コンテントとは，対人コミュニケーションにおける話題を指し，一方その話題について話している時に，二者がどのような話し方や聞き方をしているかなどノンバーバルな行動や両者に起こっている気持ちや考えていることなどをプロセス（関係的過程）とよびます。

　氷山の図 12-3 に示されるように，話し合っている話題は見えやすく注目しやすいのですが，水面下では，関係の中でさまざまな気持ちなどが起こっています。実は，この起こっていること（プロセス）が，人間関係に大きく影響し

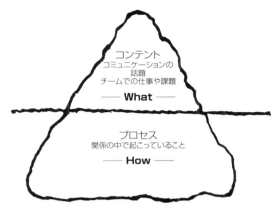

図12-3 コンテントとプロセス（津村, 1999）

ており，また自分自身のその後の行動にも影響を与えています。他者との関係の中で，相手から言われたこと（コンテント）によっても影響を受けますが，一方相手からどのように言われたか（プロセス）によって影響を受けることが多くあります。たとえば，賞賛や激励の言葉をもらう時にも，どのように伝えられるかによって，自分を賞賛してくれたと素直に喜ぶことができたり，どことなく上辺だけでむなしく聞こえたり，過度なプレッシャーを感じたりと，異なる影響を受けることになります。

コミュニケーション力を高める教育プログラムを考える際に，話題として意見をどのように適切に整理して話すかといったコンテント中心のプログラムだけではなく，どのような話し方をしているのか，どのような聞き方をしているのか，自分が相手にどのような影響を与えているのかなどのプロセスを取り扱うことが大切になります。

チーム力や組織の改善においても，チームや組織の中で何が起こっているかに着目することが大切になります（Schein, 1999）。たとえば，チームを活性化するために何が大切かといったテーマ（コンテント）で話し合いをしている際に，グループのメンバー相互のコミュニケーションのありよう，メンバー間の影響関係（リーダーシップ），グループの意思決定やグループノームなどといったプロセスを吟味し改善していくことによってはじめてチームの活性化が可能になるのです。

[2] ラボラトリー方式の体験学習とは

体験を通して人間関係を学ぶための学習方法として，1946年レヴィン（Lewin, K.）らによって発見され開発されたラボラトリー方式の体験学習があります。ラボラトリー方式の体験学習とは，「特別に設計された人と人がかかわる場において，"今ここ"での参加者の体験を素材（データ）として，人間や人間関係を参加者とファシリテーターとが共に学ぶ（探求する）方法」と定義できます。学校教育など教育現場では，「参加者」とは，「学習者」とか「生徒」と表記した方がわかりやすいと思います。また，「ファシリテーター」という呼称を使うのは，教える立場よりも共に学ぶことを強調するためにこの呼称を使っています。人間関係の学習は，前述したように学習者の中に起こっているプロセスが大切な学びの素材（データ）になります。そのプロセスへの気づきは，学習者自身の中で起こっていることであり，教科教育のように教師が前もって答えを知っているわけではありません。学習者自らの気持ちや考えなどの気づきを促進（ファシリテート）する働きを担うことからファシリテーターという呼称を使いたいと考えています。定義の中にある「体験」とは，自分や他者と向き合い，参加者の行動，思考，感情，影響関係などのプロセスを指しています。

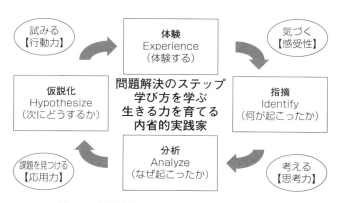

図12-4 体験学習の循環過程 （Kolb, 1984を改変）

「学び方」「探求の仕方」は，応用行動科学を用いた人間関係改善のためのアクションリサーチを基礎とした「体験学習の循環過程」を指しています。ここでは，コルブら（Kolb et al., 1984）の提唱するモデルをもとに体験学習の循環過程の4つのステップを紹介します。

ステップ1　体験すること

私たちは日常生活において何らかの体験をしています。学校生活や家庭生活，プライベートな世界でさまざまな体験をしています。また，人間関係に関する学びをするための教育プログラムにおいては，ファシリテーター（教師）からねらいをもって工夫された実習によって提供される体験があります。学習者は，何らかの体験を興味や関心をもって取り組むことが大切になります。

ステップ2　指摘すること：体験の内省と観察

このステップでは，体験したことを内省したり他者の行動を観察したりして気づいたことを拾い出します。何を話したかとかどのような結果だったかといった話題や課題の内容（コンテント）だけでなく，自分の中に，相手の中に，相互の関係の中に，またグループの中に何が起こっていたかといったプロセスに気づくことが大切になります。また，自分一人の気づきだけでなく他のメンバーの気づきなども共有することでプロセスに関するデータが豊かになります。そのために，実習体験をした後で，ふりかえり用紙にプロセスで気づいたことを記入し，それらを話し合うことも，このステップでは大切になります。

ステップ3　分析する：一般化・概念化する

このステップでは，ステップ2で共有化したデータに基づいて，学習者自身がなぜそのようなことをしたのかといった理由や対人関係における自分の傾向を考えたり，グループの状況を分析したりするステップです。このステップでは，コミュニケーション，リーダーシップやチームワークなどについての体験を一般化したり，概念化したりする活動を指しています。すなわち，コミュニケーションを豊かにするために必要な対人関係能力とは何かとか，チームワークを発揮するために大切な要素は何であるかなどを吟味し，概念化することが大切になります。

ステップ4　仮説化する：成長・変化のための行動目標を立てる

ステップ3で考えたことをもとにして，次の体験の機会において学習者が自

らの成長のために具体的に試みたい行動目標を考えます。学習者が実験的に試みを実行し，成功させるためにはできる限り具体的な行動計画を立てることが大切になります。

実際に，この仮説化ステップで自分の新しい行動を計画し，次の新しい体験のステップで実験的に試み，その結果を内省・観察し，再分析することを通して，学習者の行動レパートリーが広がり，学習者は対人関係能力や社会的スキルを習得することになります。この一連のステップを学習者が循環させることによって学習者は成長していくと考えています。

[3] ラボラトリー方式の体験学習に期待される効果

このような学習方法は参加型の学習であり，自らが主体となって動き体験し学ぶ楽しさを味わうとともに，自らの力で学んでいくことができる学習への主体的・自立的な態度も育てることができると考えています。総合的な学習のねらいでもある自ら問題を発見し解決するといった問題解決能力や生きる力の育成にも有効であると考えています。ラボラトリー方式の体験学習の循環過程を意識した教育プログラムを実践することによって，子どもたちの「感受性」「思考力」「応用力」「行動力」を育てることができると考えています。

平成17年度，18年度文部科学省による大学・大学院における教員養成推進プログラムに採択を受けた南山大学のプロジェクト「豊かで潤いのある学びを育むために―ラボラトリー方式の体験学習を通した豊かな人間関係構築を目指して―」が実施されています。愛知県下を中心に小学校2校，中学校10校の合計12校の研究協力校において1年間にわたるラボラトリー方式の体験学習を用いた人間関係づくりの授業実践に取り組んでいます。

研究校の先生からは，人間関係づくりの授業実践の中で，こうした取り組みが与える影響として，①生徒が楽しく取り組める授業，②人とかかわる力や楽しさを得る授業であること，また③普段かかわりのない生徒同士がかかわる機会がもてたり，④普段目立たない生徒の活躍の場ができたりしていること，その結果，⑤子どもの表情の変化や，⑥コミュニケーション力の育成が期待でき，⑦お互いに認め合う関係づくりが行なえているのではないかといった報告が得られています。

実証的には，研究協力校の生徒と教師を対象に，質問紙調査を行なっています。生徒には，ラボラトリー方式の体験学習によって効果が生じる人間関係システムのレベルとして，クラス・レベル，対人間レベル，個人内レベルの3つのレベルを想定し質問紙調査を行なっています。クラス・レベルとして「クラスへの満足度」「クラスの協力度」，対人間レベルとして「他者との関係の広さ」「他者との関係の深さ」個人内レベルとして「共感・協調傾向」「自己受容度」を測定しています。その結果，特に中学2年生，3年生において，ラボラトリー方式の体験学習の授業実践が多くなるクラスにおいて「クラスへの満足度」や「クラスでの協力度」の向上がみられることが示されています（中村ら，2007）。

　さらに，教師を対象とした調査の興味深い結果として，こうした教育実践活動を通して，生徒ひとりひとりの心の状況（プロセス）を観る力の育成と生徒相互に学び合う授業づくりといった教師力の向上を示す結果が得られたことです。原岡（1990），吉田ら（1995），石田・石田（1999）の研究を参考にして教師対象の質問紙を作成し調査を行なっています。その結果，「教育指導への自信」因子と「内省と個性尊重」因子において，事前調査時に比べて事後調査時の得点の平均値が有意に高いことが認められました。

　現在の日本の小中学校教育に対しては，いじめの問題などがあり学級経営や教育指導が難しいといわれています。そのような状況の中，ラボラトリー方式の体験学習を導入し生徒相互の人間関係づくりの授業実践の試みが，教師にとって自分の役割をより明確に意識するようになり，学級経営や教育指導に対してより自信をもつようになったという変化が認められたのです。

　特に，「内省と個性尊重」因子得点の上昇は，子どもから学ぼうとし，自らを内省するようになったことを示しています。ラボラトリー方式の体験学習において重視される価値観に，"ともに学ぶ関係づくり"や"内省的実践家"（Schön, 1983）という考え方があります。上記の結果は，ラボラトリー方式の体験学習における価値観や教育観が研究協力校の教員に伝わったことを示唆しているといえるでしょう（津村ら，2007）。

　最後に，学校教育においては学力向上が第一の課題であると指摘される方もたくさんいます。確かに，学校教育の中にあって教科教育における指導力の向

154　第12章　学校の人間関係を改善する

上は大切です。しかし，教科学習をはじめとする学級でのすべての活動は，生徒と生徒の人間関係，生徒と教師との人間関係が重要であり，それらはどのようなプロセスが起こっているかによって影響を受けています。いかに相互に信頼し合い開放的な関係のプロセスが生まれている学級であるかどうかが，児童生徒の学習活動に大きく影響を与えているといえるでしょう。

　こうしたラボラトリー方式の体験学習を導入した人間関係づくりの授業実践をベースに，教科学習においても協同学習などのグループ学習を導入し，人間関係づくりと教科学習のコラボレーションがあってはじめて学校は健全に機能すると考えられます。その取り組みの一つとして，コラム5で紹介されている小牧市立応時中学校の実践事例は，筆者も共に参画することができた学校再生のプロジェクトでもあります。

引用文献

Gangestad, S. W., & Snyder, M.　(2000).　Self-monitoring: Appraisal and reappraisal. *Psychological Bulletin*, **126**, 530-555.

原岡一馬　(1990).　教師の成長と役割意識に関する研究　名古屋大学教育学部紀要（教育心理学科），**37**, 1-22.

堀田仁美・無藤　隆　(2001).　青年期におけるみせかけの自己行動と友人関係の適応感および精神的健康との関連　お茶の水女子大学発達臨床心理学紀要，**3**, 79-91.

石田裕久　(2005).　「対人関係トレーニング」瞥見　南山大学人間関係研究センター紀要「人間関係研究」，**4**, 125-133.

石田裕久・石田勢津子　(1999).　オーストラリアの小学校―総合学習・学校生活・地域社会―　揺籃社

Kolb, D. A., Rubin, I. M., & McIntyre, J. M.　(1984).　*Organizational psychology: An experiential approach to organizational behavior* (4th ed.) Englewood Cliffs, NJ: Prentice-Hall.

Maslow, A.H.　(1970).　*Motivation and personality* (2nd ed.) New York: Harper & Row.　小口忠彦（訳）(1987).　人間性の心理学　改訂新版　産業能率大学出版部

文部科学省　(2005).　情動の科学的解明と教育等への応用に関する検討会　報告書

中村和彦・津村俊充・浦上昌則・石田裕久・中尾陽子・大塚弥生・川浦佐知子・楠本和彦　(2007).　小・中学校における人間関係づくりの教育実践とその評価（Ⅱ）―生徒間の関係性の変化を中心にして―　日本教育心理学会第49回総会発表論文集

Schein, E. H.　(1999).　*Process consultation revisited: Building the helping relationship.*

Addison-Wesley Publishing Company. 稲葉元吉・尾川丈一（訳）（2002）. プロセス・コンサルテーション 援助関係を築くこと 白桃書房

Schön, D. A. （1983）. *The reflective practitioner: How professional think in action*. New York: Basic Books. 柳沢昌一・三輪建二（監訳）（2007）. 省察的実践とは何か―プロフェッショナルの行為と思考 鳳書房

津村俊充 （1999）. 体験学習のすすめ：体験学習の始まりと基本的な考え方 日本能率協会マネジメントセンター「人材教育」, **11**(1), 56-59.

津村俊充 （2001）. 学校教育にラボラトリ・メソッドによる体験学習を導入するための基本的な理論と実際 体験学習実践研究, **1**, 1-10.

津村俊充 （2002）. Tグループを中心としたトレーニング・ラボラトリ 伊藤義美（編） ヒューマニスティック・グループアプローチ ナカニシヤ出版 pp.79-98.

津村俊充 （2007）. 平成17・18年度文部科学省「大学・大学院における教員養成推進プログラム」GP（Good Practice）採択豊かで潤いのある学びを育むために―ラボラトリー方式の体験学習を通した豊かな人間関係構築を目指して―報告書 南山大学教員養成GP

津村俊充・中村和彦・浦上昌則・石田裕久・中尾陽子・大塚弥生・楠本和彦・川浦佐知子 （2007）. 小・中学校における人間関係づくりの教育実践とその評価（I）―ラボラトリー方式の体験学習が教師の信念に及ぼす影響― 日本教育心理学会第49回総会発表論文集

吉田俊和・佐々木政司・栗林克匡 （1995）. 学校組織の社会心理学的研究(1)―学校組織風土について― 名古屋大学教育学部紀要（教育心理学科）, **42**, 1-15.

コラム5 よりよい人間関係づくりで学校改革を！

1. 学校を改革したい

　数年前，本校では，生徒間・生徒と教師間の人間関係の希薄さが起因する生徒指導上の諸問題を多く抱えていました。不登校生徒は，全校生徒の5％を超え，その中にはいじめにより，登校を渋る生徒もいました。保健室は，人間関係のトラブルで噴出するさまざまなストレスのはけ口の場と化し，心に病をもつ生徒や問題傾向のある生徒たちの溜まり場となっていました。本校にとって，生徒と生徒，生徒と教師の人間関係づくりを土台から組み立て直すことは，まさに急務でした。互いに信頼関係のないところに，教育は成り立たず，また，経験に頼る手法だけでは荒れる生徒に対応しきれないという現実がありました。そこで，科学的に人間関係を見つめ直し，互いの信頼を築き上げていく過程において，生徒の自己指導力の育成を図ることが必要であると考えました。

2. ラボラトリー方式の体験学習の導入

　本校では，生徒指導方針の柱に「よりよい人間関係」を掲げ，平成15（2003）年度より，人間関係づくりの専門研究機関である南山大学と連携し，「ラボラトリー方式の体験学習」による人間関係づくりを学校教育活動に取り入れました。

　ラボラトリー方式の体験学習による人間関係づくりとは，図12-4に示したように，**体験**（体験する）→ **指摘**（何が起こったか）→ **分析**（なぜ起こったか）→ **仮説化**（次にどうするか）という4 つのステップを循環させることによって，感受性・思考力・応用力・行動力を育成しようとするものです。本校では，この循環の過程を人間関係づくりの授業を通して繰り返し実践することで，生徒相互に共感的な人間関係を構築し，自己指導力を育成することをねらいとしています。学級や学年での温かい人間関係づくりを通して，個々の生徒の自己存在感を高め，生徒自らが自己決定できる場を多く設定することで，生徒の自己指導力を向上させたいと考えました。

3. 人間関係づくりの授業

　ラボラトリー方式の体験学習による人間関係づくりの授業は，毎学期の始め，学級活動・道徳および総合的な学習の時間などを活用して実施しています。授業では，GWT（グループワークトレーニング）やSGE（構成的グループエンカウンター）にみられる実習やエクササイズを主に行なうこととしました。実施にあたっては，学年や学校全体で統一した時間を設定し，学年や学級独自のカリキュラムに沿って実施しています。以下に，人間関係づくりの授業の年間

実施計画例をあげます。

学期	エクササイズ（実習名） 1年	エクササイズ（実習名） 2・3年	内容・種類
1学期	探偵物語	探偵物語	対人間コミュニケーション（非言語）
	わたしたちのお店やさん	先生の住むマンション	グループによる課題解決（情報紙）
2学期	サバイバル	サバイバル2	個人の意思決定（解のあるコンセンサス）
	僕らのクラス	僕らのクラス	個人の意思決定（解のないコンセンサス）
3学期	一方通行・双方通行	名画鑑賞	対人間コミュニケーション（言語・非言語）

4. 学校が変わった！

人間関係づくりの授業を取り入れた成果として，平成14（2002）年度〜平成18（2006）年度における本校の生徒指導事項にかかわる変容を，問題行動発生件数，不登校生徒数，相談活動の件数，また，平成17・18年度の欠席率の比較の4つの側面から述べます。

［1］問題行動発生件数の推移

生徒指導上の問題行動のうち主なものを生徒指導日誌から抽出して，その推移をグラフに表わしました。問題行動発生件数の量的変化は，図1のようになっています。質的な変化について以下に述べます。14年度は，暴力・授業エスケープ・喫煙・器物破損・シンナーにかかわる問題行動が目立っていましたが，15年度は，自傷行為や火遊びなど，ストレスを抱えた心の問題がクローズアップされました。これは，この年にストレスを抱えた問題が増加したというのではなく，問題行動の数が減少するに伴い，教師が生徒ひとりひとりの

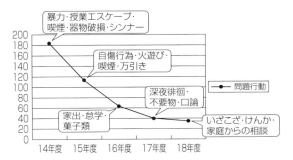

図1 問題行動発生件数の推移　（H.14〜H.18）

様子に目を向けられるようになり，今まで見えにくかった生徒の心の有り様が見え始めたことによるものと思われます。16年度は，家出・怠学・菓子類の持ち込みという問題行動が目立ちました。この頃から，問題行動を起こす生徒が限定され始め，個人レベルでの問題行動が多くなってきました。そして，17・18年度は，不要物の持ち込みが目立ち始めるとともに，深夜徘徊や家出など，家庭での生活のあり方や親子関係に起因する問題の占める割合が増加しました。

［2］不登校生徒数の推移

次に不登校生徒数の推移をあげます。図2のように14年度から徐々に減少しています。不登校の問題は，一概に人間関係に起因するものとはいえず，さまざまな要因があげられるので，数の問題で片づくものではないと考えています。しかし，おおむね全校生徒の1％程度以内に抑えられることを目安に生徒とのかかわりを大切にしています。

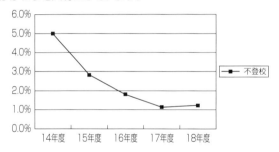

図2　不登校生徒発生率の推移（H.14～H.18）

［3］相談活動の件数の推移

相談活動の件数とは，本校の「心の教室相談員」が受けた相談件数です。図3を見ると，15年度は，14年度の倍になっています。これは，［1］の問題

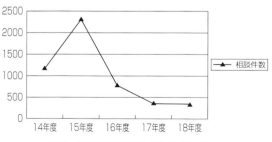

図3　相談件数の推移（H.14～H.18）

行動の件数の項目でもふれましたが，14年度は問題行動が激しく，相談室は問題行動生徒であふれ，相談室がその機能を果たし得なかったという現実がありました。しかし，その後，問題行動の減少に伴い，相談室が本来の機能を取り戻し，相談活動が可能になったことや，教師自身も生徒の心のプロセスや生徒同士の人間関係に目を向け始めたことが，相談件数の倍増の要因として考えられます。その後，16年度以降は，相談件数自体も減少しています。

[4] 2年間の欠席率の推移（平成17・18年度の比較）

上にあげたように，生徒相互の関係性の向上を図る取り組みによって，問題行動や不登校生徒・相談生徒の数を減少させることができました。しかし一方で，不登校におちいる前や相談に至る前の生徒の状況に目を向けることも大切です。そこで，生徒の様子を客観的に把握する1つのデータとして，日々の欠席者数がどのように変化しているのか，検証を試みました。17年度と18年度の2年間にわたり，全校の欠席者数を集計し，集計した日数を各月ごとの授業日数で割って各月の欠席率を算出しました。図4がその推移です。グラフをみると，1学期は，18年度の欠席率が17年度を若干上回り，同じような傾きで上昇を続けていることがわかります。それに対して，18年度の2学期は欠席率が上昇していません。さらに，5月～1月までは，およそ2.0％～2.50％で推移していることがわかります。これは，学級や学年の中での穏やかな人間関係が，個々の生徒の自己存在感や互いの関係性を高め，そのことが欠席率を増加させなかったものと考えています。

以上のことから，本校では，生徒相互の共感的な人間関係を礎として，個々の生徒の自己指導力が向上し始め，学校変革の第1ステップを成し遂げたと考えています。

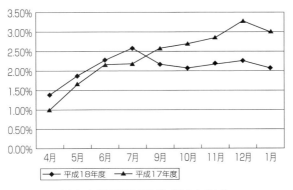

図4　欠席率推移の比較（H.17とH.18）

5．明日に向けて

　人間関係づくりの授業実践で得られた成果をより確かなものにし，真の自己指導力を育むために，学級や学年の集団で高められた質の向上を，すべての生徒へ還元させなければならないと考えています。そのためには，人間関係づくりの授業で得られた個々の生徒の学び（考えや経験）を，互いに共有することが不可欠であると思います。生徒相互が共感的な人間関係を通して高め合うなかで，それぞれが学びとったり，感じ取ったりしたことを見える形で交流させ，集団での学びを個々の生徒の学びへと帰着させる手だてを講じることが必要です。

　また，家庭での生活習慣と学校での生活習慣をリンクさせることも必要であると考えています。上でも述べたように，現在，本校が抱えている生徒指導上の問題行動は，家庭での生活のあり方や親子関係に起因する割合が増加しています。学校と家庭・地域が，相互にもつ情報を交換するなどして，生徒にとって健全な地域環境を提供し，より好ましい生活習慣をすべての生徒に保障しようとする取り組みを模索しなければならないと感じています。

※本コラムは小牧市立応時中学校での取り組みを執筆したものです。

参考文献

横浜市学校GWT 研究会（1989）．学校グループワーク・トレーニング　遊戯社

横浜市学校GWT 研究会（1994）．協力すれば何かが変わる─続・学校グループワーク・トレーニング　遊戯社

日本学校GWT 研究会（2003）．学校グループワーク・トレーニング3　遊戯社

星野欣生・津村俊充（2003）．クリエイティブスクール　プレスタイム

國分久子他(編)（1999）．エンカウンターで学級が変わる　図書文化社

非行少年とその更生

1. 司法・福祉制度，実態調査からみた非行少年

[1] 非行少年とは？

　本章では，非行少年の更生に向けた援助について，少年本人へのかかわり，家族，あるいは学校教師を介したかかわりに分けて紹介していきます。スクールカウンセラーに期待される役割についても同時にふれていくことにします。

　まず，非行少年とはどのような少年のことを指すのでしょうか？　少年法によれば「非行少年」とは，①14歳以上20歳未満で罪を犯した少年である「犯罪少年」，②14歳未満で刑罰法令に違反する行為をした少年である「触法少年」，そして，③性格や行状などからみて将来罪を犯し，又は刑罰法令に触れる行為をするおそれのある少年である「虞犯(ぐはん)少年」を含みます。このほか，非行少年には該当しませんが，飲酒，喫煙，けんかその他自己又は他人の徳性を害する行為をしている少年のことを警察では「不良行為少年」とよんでいます。これは小学校・中学校や高校において反社会的な問題行動を起こす生徒の姿とも近く，広い意味での非行少年といえます。本章ではこのような広い意味での非行少年をとらえることにします。

[2] 非行は凶悪化したか？

　少年非行をめぐっては，近年，低年齢化・凶悪化が進行しているといわれています。いわゆる少年法の厳罰化も，こうした世論に応えたものです。確かに，

162　第13章　非行少年とその更生

昨今，報道される少年犯罪は衝撃的で，その動機や背景が了解しにくいものが少なくありません。世間の不安が高まるのも仕方ない事情はあります。

しかしながら，その一方で，こうした論調には根拠がないともいわれます（たとえば，広田, 2000）。少年非行の実態については，犯罪白書の他，警察庁生活安全局少年課からは「少年非行等の概要」が発行されており，ここ十数年の変化を追うことができます。

両資料の平成 28（2016）年度版を総合すれば，刑法犯少年，すなわち「暴力行為」「窃盗」「ケンカ」などで検挙された人員は減少しています。具体的には，平成 28 年の刑法犯検挙人員は約 3 万 1,500 人で，10 年前年に比べて 3 分の 1 以下になっています。この傾向は，殺人，強盗といった凶悪犯についても同様です。不良行為少年も，平成 17 年をピークとして減少傾向にあります。また，成人も含めた検挙人員中の少年の比率は，近年は成人検挙人員の増加に伴って低下を続けています。このように少なくともデータからみれば，世間でいわれる凶悪化は必ずしも裏づけられていません。人口比（少年人口 10 万人あたりの検挙人員の比率）からみれば，平成 8 年以降上昇傾向にあり，平成 16 年には少年非行のピークについでの高水準にあるといわれますが，少年人口自体の減少が関連しているともいわれています。

［3］非行少年の処遇

非行少年はどのように処遇されるのでしょうか。ほとんどの場合，少年は，警察によって補導，逮捕されたり，児童相談所や家庭裁判所に通告，送致されたりすることで発見されます。少年が 14 歳以下の場合，児童相談所がかかわりますが，家庭環境や，交友関係から在宅のままでの更生が難しいと判断されれば，児童自立支援施設へ送致されることもあります。一方，14 歳以上の少年は家庭裁判所へと送致され，家裁調査官から調査を受けます。この調査は，原則として在宅で行なわれますが，それが困難だと判断された場合には，少年鑑別所に送致され，1 ヵ月ほどかけて素質，経歴，環境，パーソナリティなどの資質鑑別が行なわれます。

調査の結果，処分の必要なしと判断される場合（不処分）や，在宅のままで保護司，保護観察官などの監督のもとで様子をみるという判断がされる場合

（保護観察，試験観察）もあります。在宅での処遇が難しい場合には，少年院，児童自立支援施設，更生保護施設などに送致され，集団生活の中で更生を促すこともあります。近年，いわゆる少年法の「厳罰化」に伴って，14歳以上の少年で殺人などの重大事件を起こした少年は，原則として検察へと逆送され，成人と同様の刑事裁判を受けることになります。もちろん，被害者の想いをくむことは重要ではありますが，少年の課題に応じた処遇ができなくなるのではと不安視されることもあります（佐藤・山本, 2007）。

2. 精神医学・臨床心理学からみた非行少年

[1] 精神障害としての非行少年

非行少年はアメリカ精神医学会の診断基準 DSM-5 でいえば，素行障害，反抗挑戦性障害にあたります。前者は人や動物への攻撃性，所有物の破壊，嘘や窃盗，重大な規則違反などから診断されるものであり，後者は他者，特に権威者に向けられた反抗や敵対が特徴です（杉山, 2007；原田, 2007）。わが国で少年鑑別所に入所している少年のほとんどが行為障害と診断されうることからも，診断名はそれほど実践的には意味がありません。むしろ，精神科医との連携を円滑にするための体制づくりが課題といえます（生島, 1999）。

パーソナリティ障害，統合失調症など，非行ケースを理解するうえで理解しておいた方がよい精神障害は数多くあります。その中で近年，素行障害や反抗挑戦性障害の併存障害として注目されているのは，注意欠如・多動症（ADHD）や，自閉症スペクトラム障害（ASD）これらの障害は，本来的に非行へと結びつくものではありませんが，障害特性からくる困難によって引き起こされる二次障害に注目する必要があります。

たとえば ADHD の場合，注意力の欠如や，多動性・衝動性の高さなどから，教師や親から注意・叱責され，仲間集団から排除されることに伴って自己評価を低下させ，反社会的な仲間集団に入ってしまうことがあります。また，十一（2004）は，広汎性発達障害（現在でいう自閉症スペクトラム障害）から触法行為にいたる経路を4分類しています。その中には，障害特性が周囲との関係の中で触法行為とみなされるもの（従来型）もありますが，思春期以降に高まっ

た性的衝動が不適切に表出されるもの（性衝動型）や，「死」などへの純粋な知的関心を満たすために人や動物への攻撃を加えるもの（理科実験型）のように，一般的に思春期の発達課題が歪んだかたちで表出されることがあります。また，障害に由来する慢性的な対人的葛藤，孤立の結果として，周囲への不適応感や恨みを募らせる場合（高次対人過負荷型）もあります。

　いずれにせよ，周囲が当人の障害について気づかなかったり，理解しなかったりすることが，本人の抱える困難感への不適切な対処を生み，結果として問題行動を引き起こすことがわかります。実際，品川（2005）の報告する宇治少年院（2008年3月で閉鎖）の取り組みのように，神経発達症に配慮した処遇，たとえば具体的で構造化された環境のもとで，認知特性に配慮した指導が成果をあげていることも事実です。平成19年度から特別支援教育が始まったとはいえ，発達障害に対する学校側の理解は必ずしも高いとはいえません。スクールカウンセラーは校内で障害の存在を認識できる数少ない人材として期待されます。

［2］虐待と非行

　被虐待経験をもつことも非行化に影響するといわれています。橋本（2004）は被虐待経験が，非行へと結びつく経路を4つに分類しています。すなわち，①虐待の回避をねらって家出や盗みを繰り返す「虐待回避型」，②親から受けた暴力を他者との関係で再現したり，自らの感情の統制が難しかったりすることがみられる「暴力粗暴型」，③虐待によって自己イメージが悪くなることや，親からの疎外感・見捨てられ感からの逃避としてシンナー，マリファナなどの薬物へ依存する「薬物依存型」，そして，④性や自己について嫌悪を感じ，援助交際や売春に結びつく「性的逸脱型」といったものです。④では親からの性的虐待が見逃せません。また，当初は少年が被害者で，親が加害者という構図をもちますが，ひとたび少年が非行化すると，今度はその構図が逆転することが知られています（橋本, 2004；藤岡, 2001）。

　このほか，前述の神経発達症についても，とりわけ親から虐待を受けている少年はADHD様の症状をみせること，ADHDやASDから反抗挑戦性障害，素行障害への移行が起こりやすくなることが指摘されることもあります（杉山，

2007）。広汎性発達障害，アスペルガー症候群などについても，親からの不適切な養育が契機となっていることがしばしばあります。

　ただし，非行事例の場合，虐待であれ，発達障害であれ，その部分に焦点を合わせた治療を行なうことが，どんな場面でも適切とは限らない難しさがあります。たとえば，非行化した少年について家族に ADHD の可能性を示唆することは，レッテル貼りに終わる危険性があることから禁忌とされます（加来，1999）。また，被虐待と非行の因果関係を明確にすることは，非行少年に共感しやすくし，援助の方向性を明確にするというメリットがある一方，犯した罪への責任の矮小化につながったり，非行への対処が二の次にされたりしてしまうというデメリットもあります（橋本, 2004）。これは発達障害のある少年への診断名の告知にもあてはまります。一般に他罰的な傾向が強いといわれる非行少年にとっては，自分の行為の責任を，虐待経験や発達障害へと転嫁してしまうかもしれません。スクールカウンセラーが学校内で非行生徒の虐待（あるいは発達障害）の可能性に言及する際も，こうしたメリットとデメリットを考慮にいれる必要があるでしょう。

3. 非行少年の更生へ向けた援助

[1] 非行少年の心理的課題と援助の方向性

　生島（1999, 2003）は，非行少年の心理的課題を「悩みを抱えられない」こととしています。少年たちの反社会的な行為は，悩んでしまうと直面せざるをえない無力感や絶望感を回避する手段になっているとする見方です。また，藤掛（2002）は「やせがまん・背伸び・いじっぱり」を非行少年の心理的課題としています。ここでの「やせがまん」とは，「甘え」とは逆に，自らの弱さを認めることなく，必死になって適応するためにもがく姿のことです。一般に理解されるのとは逆に，非行は，少年が規範から逸脱するというよりも，むしろ規範にとらわれ，過剰に適応しようとして起こるという見方です。

　たとえば，施設にいる少年と話していると，退所後の目標として，過度に立派な将来像を語るのに出くわすことがあります。地道に一歩一歩というよりも，100 パーセント変わった自分を想像するのです。こうした目標設定はしばしば

現実的でなく，失敗することは再非行のリスクを高めます。このように自分の身の丈にあった目標を設定できないことは少年の「悩みを抱えられない」姿としても，「やせがまん」の姿としても理解できます。少年に社会生活を営むうえで思い通りにならない体験や，理不尽さを体験させることで，少しずつでも自らの弱さを認め，柔軟に考えられるように援助することが求められるといえます。

　このほか，非行臨床では，大人が非行少年との関係において「権威」をもつことの治療的な意義が強調されています。廣井（2007）によれば「権威」とは，①指示を与えるものが相手との相補的な関係において，上位の位置を獲得することであって，②相手の意思に関係なく上位の位置を占めるのではなく，支配されるものが支配されるに足りるだけのポジティブな面をそのなかに見出すような関係のことを指します。したがって，法的権威をたてにとって少年をコントロールしようとしても，少年からの反発を強めるのみであり，むしろ，法的権威の意味づけをポジティブなものに変えていくことが求められます。

　もっとも，日常生活では少年に権威を行使する枠組みが整わないこともあります。先述の「悩みを抱えこませること」「自分の弱さを認めること」を援助するためには，安心してそれに取り組める環境が整えられる必要がありますが，少年院や児童自立支援施設（大迫, 2003），更生保護施設といった施設への入所は，その意味では有意義な選択であるということもできます。

［2］ソーシャルスキルトレーニング

　非行少年の更生に向けての取り組みのうちで，現在注目されているのはソーシャルスキルトレーニング（Social Skills Training：SST）です（前田, 2002；松嶋, 2005a）。少年院や更生保護施設などで，少年を対象としたプログラムが創意工夫されています。SSTは対人関係上のスキルを向上させることによって，当人が直面している困難さを解決しようとする技法です。

　SSTは，元来，精神障害者の社会適応のプログラムとして考案されたものであり，日常の挨拶をするといった課題が中心になっていましたが，これらはある意味で対人的技能に長けた非行少年には退屈なものです。彼らが興味をもち，また，問題意識を感じて取り組むことのできるプログラムの開発が課題とされ

てきました。たとえば、「厳しい注意に対処する」などのように、怒りの制御に注目した課題や、「同僚の誘いを断る」のように対人関係にかかわる課題は、少年にとっても困難感を感じやすく、また、更生を促すためにも重要な意味をもつ課題といえるでしょう。

松嶋（2005a）によれば、ここで重要なのは、どのような行動を SST の題材とするにせよ、①少年がその課題のねらいを十分理解できるように配慮していくことでしょう。というのも、SST は、あくまでも社会的場面で適切にふるまうためのスキルの学習が目標であり、その場で、職場や施設についての不満の解消をすることが目標ではありません。課題の理解が十分でなければ、せっかくのセッションが、特定の場面で自分が抱いた否定的な感情の吐露に終ってしまう場合もあります。また、②少年と指導者との関係の中で「権威」をうまく使うことも重要です。少年の内面に寄り添おうとするあまり、少年との関係の中に「権威」をもち込むことができず、セッションを維持するのが難しいこともあります。

4. 非行少年の家族への対応

[1] 非行少年の家族へ向けられるイメージ

生島（2003）は、非行少年の家庭・家族に付与される機能的役割として、①問題行動の原因としての家族、②子どもの荒れによる被害者としての家族、③立ち直りの手だてとしての家族の三つをあげています。

世間では「問題行動の原因」としての側面ばかりが取り上げられ、親の責任が追及されます。その一方で、「被害者」としての側面はほとんど注目されません。たしかに、周囲から「あの親なら仕方がない」「更生させる気がない」といった印象をもたれてしまう場合もありますが、これは現在の状況を所与のものととらえたものです。そうではなく、親のふるまいをこれまでのかかわりの過程で次第に作られてきたものとしてとらえる視点をもつことが重要になります。

実際、子どもの非行に苦慮する親は、長年にわたって繰り返されるわが子の問題への対応に疲弊し、対処する気力を失っている場合が少なくありません。

168　第 13 章　非行少年とその更生

たとえば，揖斐（2004）は，非行少年の問題行動が，いかに家族内コミュニケーションの悪循環によって維持されているのかを例示しています。すなわち，①遊びの延長としてはじまった子どもの問題行動に対して，②当初，親は解決を試みて注意・叱責するが，③そのことが子どもの無視・反発を招き，かえって問題行動を維持することになる。④その結果，親はあきらめ・放任へと転じ，子どもの問題行動は維持されることになるというものです。ここでは親の解決に向けた試みが，かえって悪循環を招いていることが示されています。このほか発達障害のある少年などの場合，非行問題として顕在化するはるか以前から，親は漠然と「子育てしにくい子」としてわが子に不安感を抱きつつ，周囲に訴えることもできず一人で抱えこんできたかもしれません。

　こうした「被害者」としての側面への共感がなければ，せっかくの援助者の存在も，親にとっては大きなプレッシャーにしかならないでしょう。

［2］非行問題の家族教室

　家族に対する取り組みとして「心理教育」の試みは各地で行なわれています。生島（2003）は，保護観察所における「家族教室」の試みについて報告しています。これは，①家族に共感し，努力を肯定してサポートを与える，②参加メンバー間に相互援助システムを作り上げ，個々の家族の問題解決に有用なサポートと情報を与えあう，③家族間のコミュニケーションの改善に有効な対処方法を修得させる，④家族の問題解決技能を高める働きかけを通して，家族機能の改善をはかり，本人の再非行の抑制に寄与するといった目標を掲げています。なるべく固定されたグループで取り組むことが原則とされています。

　この会では，親が子どもへの対応について感じる困難感をふまえ，それを課題としてロールプレイを通じて検討し，より適切な対応を学ぶという取り組みを行なっています。飲酒や喫煙をしているのを見つけた時の対応や，門限を破った時の対応など，具体的な場面からその場にふさわしいやり方について学んでいくというものです。これらは会員相互の関係作りが重要になるとはいえ，心理教育的アプローチの特徴は，単に親が子どもの対応について困っている点について傾聴するだけではなく，具体的な対処方略について助言する点にあるといえるでしょう。

5. 学校教師への援助

[1] コンサルテーション・チーム援助・サポートチーム

　スクールカウンセラーの職務の大部分は，教師へのコンサルテーションで占められています。コンサルテーションとは，外部専門家（スクールカウンセラーやソーシャルワーカー）と学校教師とが，異なる専門職同士，対等な立場で児童生徒の問題について協議するものです。スクールカウンセラーは教師が生徒とかかわるうえで感じる「問題」を，教師と共に考え，生徒に間接的に良い結果をもたらそうとします（たとえば，Dougherty, 2004）。また，教師を中心に，スクールカウンセラーを取り込んだ「援助チーム」を編成しての対応や，関係諸機関が連携するサポートチームの取り組みも注目されています。ただし，非行生徒への対応をめぐる，これらの取り組みは不登校生徒への対応に比べればいまだ数少ないのが現状です（羽間, 2006；小田・羽間, 2005）。

　羽間（2006）は，非行生徒への対応をめぐる教師コンサルテーションについて述べています。羽間は，非行生徒への対応にあたっては，ともすればその行動に目を奪われ，行動の奥底にある心理を的確にアセスメントすることが難しくなること，今起きていることに対する「観察する眼」の保持が難しくなることが多いことを指摘しています。彼女が「観察する眼」と呼ぶのは，生徒に関与しつつ，同時に相手の反応，自分のありよう，自分と相手との関係などを対象化してみることです。非行生徒の問題をめぐっては，急激に事態が変化したり，他の生徒への影響が大きかったりするため，教師はその対応に追われ，問題に巻き込まれていることに教師自身が気づくことができなくなります。コンサルタントの提供するアセスメントを通じて，こうした巻き込まれ状況から逃れることができれば，教師は生徒への対応に自信をもつことができます。

[2] 校内での非行への対処

　学校内で，スクールカウンセラーが見立てを伝える場合，その学校が置かれた状況を考える必要があります。学校は，特定の問題行動を起こしている生徒だけではなく，一般生徒もいますが，非行への対処には，この問題を起こして

いない一般生徒への対応が重要です。加藤（2007）の研究は，そのことを如実に示しています。

　加藤は，いわゆる〈困難校〉とされる中学校と，〈通常校〉とされる中学校における，生徒からみた教師の指導への不満感を比較しています。それによれば，「問題」とされる生徒が教師の指導に対して抱く不満感には，〈困難校〉と〈通常校〉では差がみられませんが，一般生徒のそれは〈困難校〉の方が，〈通常校〉に比べてとても多いことが明らかになっています。さらに，この不満感は教師と生徒との関係の悪化をもたらし，反学校的生徒文化が作られることを招くと示唆されています。

　加藤はこの結果から「学校が荒れることで，不公平な指導が採られる」➡「不公平な指導は，一般生徒の教師への不満感をひきおこし，教師との関係を悪化させる」➡「教師との関係の悪化は，一般生徒に反学校的な生徒文化を形成させる」といった荒れを助長するような連鎖が引き起こされ，悪循環を起こしているのではないかと考えています。つまり，一般生徒の不満のもととなるのは，問題生徒には些細なことでも褒めたり，多少の逸脱には目をつぶったりするのに対して，一般生徒への指導は厳しいといった「指導のダブルスタンダード化」によるわけです。

　もっとも，こうした集団力動をはじめとして，教師は生徒集団に働きかけるための独自の知識をいくつももっていることがしばしばです（松嶋，2005a）。スクールカウンセラーはこうした教師の実践的知識を知り，活用していくことで，より妥当な見立てを提供することもできるでしょう。

［3］教師との協働

　チーム援助では，メンバー間で問題への共通理解をとりつけられるかも，その成否に影響しています。龍島・梶（2002）はサポートチームの取り組みを報告していますが，協働の障壁となるのは，関係機関相互にある不信感，無理解だといいます。関係機関の職員は，それぞれの職務内容を前提として問題を理解しようとするため，少年の理解にもズレが生じます。これに対して互いの認識のズレを自覚することは難しく，不信感を招くのです。スクールカウンセラーなど，外部専門家は，教師の体験世界を知っておくことで，このズレを自覚

し，協働を円滑にすることができるかもしれません。

　もっとも，認識のズレは必ず否定的意味をもつわけではありません。生島（2003）は，一致して連携することのマイナス面に思い至ることが，学校臨床において重要だと述べています。なるほど，教師にしろ，家族にしろ，みなが同じ対応をすれば，非行生徒にとっては息苦しい場所となるでしょう。また，非行生徒に学校をあげて取り組むことは，「荒れ」の克服には重要な意味をもつかもしれませんが，逆に，非行生徒に比べれば緊急性の感じられにくい問題（たとえば不登校や，学習の遅れなど）についての対処がおろそかにされることもあるかもしれません。

　非行少年の問題をめぐって起こる認識のズレは，時には衝突を生むこともあるかもしれませんし，容易に解消できない問題をはらんでいる場合もあるでしょう。しかし，その一方ではその少年の課題を重層的に把握することを可能にするという意味で，支援の有用なリソースにもなります。スクールカウンセラーをはじめとした外部専門家は，学校や家庭を含めた問題の全体状況を把握し，バランスよく支援がなされるように調整していくことも重要なのではないでしょうか。

文　献

ADougherty, M.　（2004）．*Psychological consultation and collaboration in school and community settings* (4th ed.) Belmont, CA: Wadsworth.

藤掛　明　（2002）．　非行カウンセリング入門：背伸びと行動化を扱う心理臨床　金剛出版

藤岡淳子　（2001）．　非行少年の加害と被害：非行心理臨床の現場から　誠信書房

橋本和明　（2004）．　虐待と非行臨床　創元社

原田　謙　（2007）．　反抗挑戦性障害／行為障害と軽度発達障害　現代のエスプリ，**474**, 195-204.　至文堂

羽間京子　（2006）．　非行等の問題行動を伴う生徒についての教師へのコンサルテーション：非行臨床心理の立場から　千葉大学教育学部研究紀要，**54**, 119-125.

広田照幸　（2000）．　教育言説の歴史社会学　名古屋大学出版会

廣井亮一　（2007）．　司法臨床の方法　金剛出版

揖斐哲臣　（2004）．　非行少年の家族支援─児童相談所における実践から　精神療法，**30**(3), 275-282.

加来洋一　（1999）．　学校臨床であつかうべきでない事例　吉川　悟（編）　システム論から見た学校臨床　金剛出版　pp.180-191.

加藤弘通　（2007）．問題行動と学校の荒れ　ナカニシヤ出版

前田ケイ　（2002）．認知行動療法に基づく社会的行動学習の援助：司法分野におけるSST　犯罪と非行, **131**, 109-130.

松嶋秀明　（2005a）．教師は生徒指導をいかに体験するか？　質的心理学研究, **4**, 165-185.

松嶋秀明　（2005b）．関係性のなかの非行少年　新曜社

小田将史・羽間京子　（2005）．校内サポートチームについて―非行生徒の事例を通して　千葉大学教育実践研究, **12**, 47-54.

大迫秀樹　（2003）．虐待を受けた子どもに対する環境療法―児童自立支援施設における非行傾向のある小学生に対する治療教育　発達心理学研究, **14**, 77-89.

佐藤幹夫・山本譲司(編)　（2007）．少年犯罪厳罰化　私はこう考える　洋泉社

品川由香　（2005）．心からのごめんなさいへ：人ひとりの個性に合わせた教育を導入した少年院の挑戦　中央法規出版

生島　浩　（1999）．悩みを抱えられない少年たち　新曜社

生島　浩　（2003）．非行臨床の焦点　日本評論社

杉山登志郎　（2007）．子ども虐待という第四の発達障害　学習研究社

龍島秀広・梶　裕二　（2002）．非行における臨床心理的地域援助　臨床心理学, **2**, 223-231.

十一元三　（2004）．広汎性発達障害を持つ少年の鑑別・鑑定と司法処遇―精神科疾病概念の歴史的概観と現状の問題点を踏まえ　児童青年精神医学とその近接領域, **45**, 236-245.

グローバリゼーションと発達支援

1. 学校の多文化化と支援の多様化

[1] 日本国籍をもつ子どもの多様化

　グローバリゼーションにより地球的規模でヒト，モノ，カネ，情報の流動化が起きています。人々の異文化間移動や異文化交流の機会は増大し，日本では海外在留邦人数が年間 133 万人を越す規模となりました（外務省領事局政策課編，2017）。保護者に伴われた学齢期の子どもの海外滞在者も 1970 年代以降急増し，現在約 79,000 人の小中学生が海外に滞在しています（外務省領事局政策課編，2017）。

　また海外に滞在する子どもの人数の増加だけではなく，彼らの学習環境や生活環境の多様化も目立ちます。海外で現地校や国際学校のみに通っている小中学生の比率は 2000 年度までは 20％台でしたが，2001 年度になるとその比率は全体の 30％を超え（海外子女教育振興財団，2002），2017 年度には約 50％となりました（海外子女教育振興財団，2017）。すなわち日本国籍をもっていても，日本語を学習言語とはせずに，長期間海外に滞在する子どもが増加しているといえるでしょう。しかしこれらの子どもの中には，少なくとも高校卒業までは海外に滞在する予定であったのにもかかわらず，テロ，戦争などの突発的な事情や親の離婚などによって，突然日本への移動を余儀なくされる者もいます。一方で，海外でも日本とほとんど変わらない生活を送ってきた子どももおり，海外生活を経験した帰国児童・生徒といっても，その特性を一言でまとめるこ

174　第 14 章　グローバリゼーションと発達支援

とはできません。

[2] 外国籍の子どもの多様化

　異文化間移動を経験する子どもたちの多様化は，日本国籍をもつ帰国児童・生徒に限ったことではありません。近年日本では，外国籍の子どもや国際結婚家庭の子どもが増加しています。1989 年 12 月の「出入国管理及び難民認定法」の改正（1990 年 10 月施行）を境に，日系ブラジル人を中心とした南米出身の日系人の入国や就労が増加しました（法務省入国管理局編, 2007）。最近では，フィリピン，ベトナム，中国などの在留外国人も増えています（入管協会, 2017）。また来日する留学生は，2002 年末に 10 万人を突破して以来（法務省入国管理局編, 2003），増加し続けており，2016 年には約 24 万人となりました。特に中国，ベトナムやネパールなどアジアからの留学生が目立ちます（日本学生支援機構, 2017）。このような海外からの大人の移動に伴い，子どもの移動も増えています。日本全体では少子化が進行していますが，逆に日本に滞在する 0 ～ 14 歳の外国籍の子どもの割合は増加傾向にあります（総務省統計局, 2001, 2017）。さらに外国籍の親をもつ子どもが年間 36,000 人以上生まれています（厚生労働省政策統括官編, 2017）。

　以上のような日本国内外における人のグローバリゼーションは，多様な国籍，言語，異文化間移動経験，異文化接触経験をもつ子どもたちを生み出しています。そのためさまざまなライフヒストリーを背負った子どもへの支援は，日本国内であっても地域によってさまざまであり，また同じ地域であっても必ずしも一律ではないのです。

　大人社会では，たとえば日本における日系ブラジル人と日本人社会との間での住み分けが進み，両者が互いにかかわらなくても生活できる所も出現してきました。しかしこのような地域であっても，地域の保育所や公立小中学校では，外国籍と日本籍の子どもが日常的に接触する環境が存在します（小内, 2001）。まさにグローバリゼーションへの対応は，次世代を育成する保育施設や学校の中で求められているといえるのです。大人社会より多文化化が進行している保育・教育の場で，異文化間移動や異文化接触を経験した子どもの発達をどう支援していけばよいのでしょうか。本章では，特に教育，心理的側面に焦点を当

て，発達段階をふまえながら，異文化間・異言語間移動をする子どもの言語，アイデンティティ，対処行動への発達支援，そして支援する側の保育者や教師のあり方について考えます。

2. 言語の発達支援

　国籍，出生場所，成長経緯が異なる子どもたちに対して，教育機関でまず問題となるのは，彼らに対する言語の支援です。異言語間移動を経験した子どもたちの母語に注目すると，日本語指導が必要な小・中・高校段階の外国人児童・生徒は日本国内に約34,000人おり，彼らの中で，母語がポルトガル語，中国語，フィリピノ語，スペイン語である者は，全体の約8割を占めています。このような外国籍の子どもだけでなく，日本語指導が必要な日本国籍の児童生徒も増加する傾向が見られます（文部科学省，2017）。またポルトガル語を母語とする日系ブラジル人の子どもの中には，言語をはじめとするさまざまな問題で，日本の学校になじめず不就学になる者も多いのです（小内，2001；関口，2003）。

　さらに言語の対応に苦慮しているのは学校だけではありません。就学前の保育機関でも，言語の問題は対応すべき重要な課題の1つです。異言語間移動について，経験した年齢を考慮に入れながら，支援のあり方を検討してみましょう。

[1] 乳幼児期における言語の発達支援

　言語の習得に必要な準備はすでに出生直後から始まっており，乳幼児期は言語を獲得する重要な時期です。したがって親の母語，子どもに話しかける親の使用言語，保育・教育機関での使用言語など現在および近い将来の言語環境，日本での滞在予定期間，そして子ども自身の発達の状態や性格などのさまざまな点を考慮したうえで，支援することが望ましいのです。具体的な支援として以下の4点があげられます。

　第1に，乳幼児期は具体物や感覚，体験を通して，物事を理解する時期です（Piaget, 1947）。したがって保育者は，具体的な状況のもとで，丁寧に繰り返

し語りかけていくことが大切です。また日常生活で必要な言葉から習得させたり，絵や身体を使った遊びを通して，異言語間移動に伴う子どもの不安を少しでも解消する環境を構成していくことも大切です。

　第2に，子どもが言葉を中途半端に理解していないかを常に確認します。4，5歳頃の子どもであれば，移動後の言葉が完全にわからなくても，周囲の子どもの動きを参考にしながらある程度行動できるものです。子どもがなんとなくその場にふさわしい行動をしているため，保育者側では子どもの言葉の遅れを見逃してしまうことがあります。個別の指示を与えた時の動きや，本の読み聞かせの際の子どもの様子など，さまざまな観点から子どもの言語理解度を観察する必要があるのです。幼児期には，周囲の状況を判断し機敏に動くことができれば，保育者の発言内容を完全に理解できなくても日々の生活を送ることができます。そのため小学校の学習場面で，状況から判断できずにとまどう子どもの様子を見て初めて，言語理解の遅れが周囲の大人たちに認識されることがあります。

　第3に，言語発達は認知，運動など他領域の発達とも関連性をもっています。しかし乳幼児期の異言語間移動では，言語の遅れが他領域の発達と比べて顕著であるため，遅れの理由が移動によるものと認識されやすいのです。子どもの移動前の発達をも考慮しながら，発達を総合的に見て支援を行なっていく必要があるのはこのためです。

　第4に，親子間のコミュニケーションギャップについて配慮する必要があるでしょう。乳児期から保育機関で日本語を使用する外国籍の子どもの中には，日本語が母語となる者がいます。その一方で，親が日本語を習得せず，子どもも親の使用している言語を継承しなかった場合，親子間で将来コミュニケーションがとれなくなることもあります。乳幼児期には身体接触を通したコミュニケーションで十分であっても，児童期後期や青年期になると，微妙な感情を親子間で言語によって伝え合うことが必要となります。したがって子どものみならず，家族全体の発達に対する支援についても考える必要があるのです。親の言語を継承できる環境を子どもに提供するよう親に助言したり，逆に子どもの母語を日本語にするのであれば，親が日本語を習得する環境を地域や学校等で提供することも支援の1つとして考えたいものです。

[2] 児童期における言語の発達支援

　児童期は系統的な学習が開始される時期です。したがって学習を理解するために必要な学習言語の獲得がこの時期の重要な課題となります。状況から切り離された場で，言葉の意味をしっかりとらえたうえで理解しなければならないことも多くなります。カミンズ（Cummins, 1980a, b）は，言語能力を2つに分けて考えていました。1つは，状況への依存度が高く生活場面での会話を中心とした「基本的な対人関係コミュニケーション能力」BICS（Basic Interpersonal Communicative Skills）であり，いま1つは，状況に依存しなくても言語を理解したり，学習活動や授業などを通して，抽象的，概念的なことを表現するために必要となる「教科学習言語能力」CALP（Cognitive Academic Language Proficiency）です。その後，カミンズ（Cummins, 2001）は言語能力を3つに分けました。①会話の流暢度（CF: Conversational Fluency）は，よく馴れている場面で相手と対面して会話する力を指し，従来の BICS と同義です。母語話者児の場合には2〜8歳までの間に習得されます。②弁別的言語能力（DLS: Discrete Language Skills）は，文字の習得や基本文型の習得に関わる能力を指し，母語話者とほぼ同程度の時間で習得が可能な分野です。③教科学習言語能力（ALP: Academic Language Proficiency）は従来の CALP を指します。

　新たに3つの能力に分けることで，②と③とを区別して教えることが重要だと指摘されました。教科学習では言語的にも概念的にも高度な文章を理解することが要求され，それらを正確に統合して使うことが必要になります。それぞれの能力の程度を測定することはそれほど簡単ではないのですが，学力や言語能力の発達は，児童期後期以降の認知発達にも影響してくると考えられます。

　また，児童期前期と後期とでは子どもの発達の状態が大きく異なります。箕浦（1984）は，アメリカの現地校に通う日本人の子どもに対して調査を行ない，9歳未満で渡米した子どもは，日本語から英語への移行が起こりやすく，日本語が喪失されやすかったのですが，9歳以降に渡米した者は，日本語が保持され日英両方ともが堪能になる場合が多かったといいます。箕浦の研究から考えると，児童期後期に異言語間移動を経験し，移動前の言語をある程度獲得していた子どもにとっては，母語を媒介にしながら第二言語で学習内容を把握することが可能であると思われます。したがって学級内で一斉に学習する前に，学

178　第 14 章　グローバリゼーションと発達支援

習の理解に必要な用語を子どもの母語と日本語で提示し，学習内容の予習をさせておくことも，支援の 1 つとして考えられます。

　さらに認知発達に障害があり母語も第二言語も獲得できなかったり，学習に遅れが見られたりする場合もあります。自閉スペクトラム症，注意欠如・多動症や限局性学習症などの神経発達症群が，異言語間移動をする子どもの中にも見られるようになってきました。言語のみならず，運動領域や対人関係の発達も併せて見ながら，早期から支援していくことが必要になります（塘 , 2017）。

3.　アイデンティティの発達支援

　異文化間移動を経験した子どもや国際結婚家庭の子どもは，児童期や青年期になると自分は「何ジンなのか」と疑問をいだくことがあります。これはなにも異文化間移動や日常的に複数の言語環境が存在する家庭で育った子どもだけの問題ではありません。青年期になると誰もが「自分とは何者か」という問いをもつようになるといわれています（Erikson, 1968）。しかし異文化接触を経験した子どもは，言語や外見など他者との違いを意識する機会が多いため，早くからこの問題は覚醒化されると思われます。

　近年，アイデンティティ理論において，アイデンティティは他者から孤立した中で発達するのではなく，他者との関係性の中で発達するという視点が導入されるようになりました（Archer, 1989；Josselson, 1994；Marcia, 1993；杉村 , 2001；岡本 , 2002；永田・岡本 , 2005）。これは異文化間移動を経験した子どもにも当てはまります。「違い」についての周囲の受け止め方によって，彼らのアイデンティティの構築の仕方も異なってくるのです。

[1]　幼児期におけるアイデンティティの発達支援

　定型発達の子どもは 4 歳頃を境として，他者の心を推測したり（心の理論（Premack & Woodruff, 1978））, 他者の立場になって考えることが少しずつできるようになってきます（Perner, 1991）。他者の視点を理解するこの時期だからこそ，異なるものへの偏見も形成されやすいのです。すでに幼児期の子どもは，偏見のもととなる「違い」について気づいています（Brown, 1995）。特に

3. アイデンティティの発達支援　*179*

肌の色などの可視化される違いについては，4歳の子どもでも偏見が形成されているといわれています（Goodman, 1952）。お互いの違いについて偏見をもたず認め合うためには何が必要なのでしょうか。

　筆者が保育所で外国人幼児に対する日本育ちの子どもの行動を観察していた時のことです。その保育所には多くの外国籍の子どもがいましたが，その中に，3歳で異文化間移動を経験した国際結婚家庭の5歳男児A[1]がいました。Aは肌の色が黒い子どもでした。ある日，日本育ちの5歳男児Bがこの保育所に転所してきました。Bは入所1日目，保育者が促しても，泣き出してまったくAと手をつなごうとはせず，Aの肌が黒いことがBにとっては恐怖だということを，Bは泣いて保育者に訴えました。子どもにとって見慣れないものへの恐怖は自然な感情ですが，それらへの恐怖の除去については，保育者や周囲の子どもの行動が大きな影響を与えます。Bの場合には，Aと一緒に3歳から保育所で生活を共にしてきた子どもたちが，恐怖を取り除く助けとなっていきました。これらの子どもたちが，Aの肌の色にまったく違和感をもっていない様子を見て，数週間が過ぎるとBはAと徐々に手をつないだり，午睡の際にAの横で寝るようになりました。転所してきたB以外，周囲の子どもからは，Aの肌の黒さに関する否定的な表現は，2年半の筆者の観察の中では聞かれることはありませんでした。むしろ事例1にみられるように，自然なものとして受け止めていました。肌の色の違いを意識化させた保育者の発言に対して，子どもたちが黒い肌を否定的にとらえていない様子がうかがわれます。それに対して，Aも自分の肌の色を卑下せずに，ありのままの自分として受け止めていきました。

事例1
　肌の色の黒い男児Aと日本育ちの子どもが「フルーツバスケット」で遊んでいる。このゲームは出題者から出された言葉に従って席を移動する遊びである。たとえば「赤い洋服を着ている人」などと「オニ」になった子どもが出題をすると，該当者が席を移動する。しかし人数分の席は用意されていないので，座れない子どもが必ず1人は出てくる。その子どもが次の「オニ」となって出題をするという遊びである。

1　父親が外国籍，母親が日本籍であり，この幼児はこの時点では二重国籍者であり，父親の国と日本を行ったり来たりしていたため，日本語の理解に問題があった。

> M（日本人女児）が「オニ」となって円になった皆の真ん中に残る。
> M「肌色（の肌をしている人）」と移動するための出題をする。
> 保育者が「肌色やて」とMの言葉を皆に聞こえるように繰り返す。
> Aは動かない。他の子どもたちは全員動いた。
> 保育者が「肌色やて」とAに向かって言う。
> しかし保育者はAの肌の色が違うことにすぐに気づき，「肌色ちがうか」
> と小さな声で言い直す。
> 日本人の子ども1「A君，黒や」。
> 日本人の子ども2「黒や。よかったなあ」。
> A「うん」。
> 日本人の子ども2「動かんでいいや。よかったなあ」。
> 　註：事例内の（　　）内は筆者の補足による。

　このような事例から，その後の発達の中で他者のアイデンティティを尊重したり，自己を肯定的に受け止めるアイデンティティを構築していくためにも，乳幼児期から異なる他者と日常的に触れあう経験をすることが大切ではないかと思われます。ただし，それらの経験をどう位置づけ，「外国人」というイメージをどう作り上げていくか，そして集団内での他者との相互関係を通してどう自分を位置づけていくかは，保育者の対応が大きな影響を与えるのです（佐藤, 2005）。

[2] 児童期におけるアイデンティティの発達支援

　児童期は幼児期以上に大人の手を離れ，子ども同士のかかわりが増えてくる時期です。したがって同輩集団の中での居場所を確保し，その中で認められるよう支援をすることがより大切になります。異文化を受け入れる雰囲気を日常的に教室の中に作っておくことが，この時期の移動経験者，および受け入れ側双方のアイデンティティの発達を支援するうえで重要となります。皆と同じことを良しとする日本の学級文化の中で，異なる価値観や行動傾向をする子どもの存在をも認めながら，教室内の他の子どもたちにも多面的に互いを見る態度を身につける学級づくりをすることが必要です。

　さらに肌の色という周囲に可視化されたものがきっかけとなって自分のアイデンティティについての問いが起こるだけではなく，対人関係の違いや自分に

対する有能感など，不可視的なものに対する違いについても，アイデンティティの揺らぎが起こってくる時期です。したがって子どもの内面的な違いにも目を向けた支援が児童期以降特に必要となるのです。

[3] 青年期におけるアイデンティティの発達支援

　青年期は異文化間移動を経験していない子どもも，アイデンティティの揺らぎを経験する時期です。ましてや青年期に異文化間移動を経験した子どもは，言語，学習，そして生活面において自分のアイデンティティが根底から覆^{くつがえ}される経験をします。移動前の集団内では高い位置にいた自分が，低い位置に移動してしまった不満から，移動後に出会った友人の行動を否定的に見たり，自分に対して自信を失う子どももいます。

　筆者が間接的にかかわった中国人の母親をもつ 12 歳の女生徒 D は，母親の再婚によって日本人の父親のもとに母親と小学校 6 年生の時に来日してきました。D は日本に来たことで，自分が今まで築いてきた自信を大きく崩してしまいました。D は中国では成績が良かったのですが，移動後は日本語がわからないために，すべての学習において遅れが見られました。移動前には優秀であった自己像と，現在のできない自己像とのギャップが大きく，「中国だったらできたのに」という語りが 1 年半経過した時点でもたびたび見られ，自分に自信がもてない日々が続きました。また中国ではリーダー的な存在だったとのことですが，望ましいとされる対人関係が日中で異なるため，友人と些細なことでけんかになり，不満をもつことが多々ありました。

　そのような D に対して，来日当初から約 3 年にわたって，日本語の個別指導を行なうボランティア教師や大学生が，家庭や学校において学習支援やカウンセリングを行なってきました。また D の所属する中学校教師が子ども同士の関係性構築に努力したり，さらには中学校校長が担任を決める際に D のことを考慮したりすることにより，D は自分の環境と周囲の友人，そして自分自身を徐々に受け入れていくようになりました。

　移動前に周囲から高い評価を受けていた子どもほど，移動後の自己像とのギャップに悩むことがあります。しかしそのようなギャップに対して，言語習得が未熟な乳幼児期とは異なり，児童期後期や青年期に異文化間移動をした子ど

182 第14章 グローバリゼーションと発達支援

もであれば，言語を用いて説明することで，客観的に自分の「立ち位置」を認識させることも可能です。そして単に文化に飲み込まれた弱者としての立場だけではなく，さまざまな折衝を通して，自らの位置を学び取る主体者として優位な位置取り（郡司，2005）ができるよう，子どもに考えさせながら支援することも可能になります。評価には多様な観点があること，文化が異なれば評価の観点も異なること，客観的に環境と自分を見つめる姿勢を作っていくことを，継続的に子どもに伝えることが必要です。それとともに，彼らを通して教師自らが背負っている学校文化をも見つめ直す作業をしていくことが，教師にも求められます。

　さらに青年期前期の子どもにとって，長期滞在や永住の場合，高校進学が大きな問題となります。異文化間移動を経験した外国人生徒の多くが高校進学を望んでいます。しかし小学校高学年や中学生段階の異文化間移動の場合，言語や学習の到達度が低いために，自分の希望とは異なる進学先を選択せざるをえないことがあります（小内，2003）。高校入学試験や学習言語獲得への支援についてはさまざまな配慮もされるようになっていますが（塘，2017），入学試験や現在の学習支援だけではなく，生涯発達的な視点を踏まえ，将来展望をも含めた話し合いを，保護者および子ども本人と行ないながら，将来設計についてたびたび確認し合う作業が必要だと思われます。

4. 対処行動の違いを認め合う支援

　文化が異なることで他者との付き合い方も異なり，移動前の文化では当たり前だったことが否定されます。他者と衝突をしたり，困った状況に陥った時，どう対処すれば適切だと評価されるかは文化によって異なるのです。異文化間移動を経験した子どもの中には，まったく逆の価値観を突きつけられて混乱する者もいます。このような子どもを，保育機関や学校はどう支えていけばよいのでしょうか。

[1] 幼児期における対処行動の違いに対する支援
　近年，日本への入国が多くなっている中国と，日本の保育施設で期待される

対処行動の違いを例にあげながら，幼児期に異文化間移動を経験した子どもの対処行動の支援について考えてみましょう。日本の保育施設では，子どもが保育者の意図に沿わない行為をした時に，たとえば「お友だちの頭をたたいていいんですか」といった質問形式の注意がなされます。また子どもたちが騒がしい時に，「ありさんの声でお話ししようか」といった比喩表現を用いた注意が，保育者の語りかけの中に多く見られます（塘，2006）。子どもが自ら考えることを日本の保育では求めており，保育者の意図を推察して行動する「察し」の能力が，すでに幼児期から期待されているのです。それに対して，中国の保育施設では，「うるさいから静かにしなさい」といった，より直接的な注意の仕方がなされるようです。このように各社会が子どもに期待する対処行動は幼少期から異なっており，近隣の東アジア諸国間といえどもまったく同じではありません。しかし日本の比喩や間接表現に不慣れな子どもの中には，その意味がわからず，不適切な対処行動をしてしまうことがあります。保育者はそのような不適切な対処行動を文化に起因するものとは考えず，子どもの性格ゆえに起こると誤解する場合があります。移動前に子どもに期待されてきた対処行動や，その社会全体で共有されている発達期待の内容が，保育者自身が育ってきた社会とは異なることもあると予測しながら，子どもの対処行動の支援を行なう必要があるでしょう。

［2］児童期と青年期における対処行動の違いに対する支援

児童期は教科学習を通して，各文化や社会で培ってきた価値観が系統的に子どもに提示される時期です。たとえば子どもに望ましい価値観を示す重要な教材である教科書にも，各文化・社会・時代の大人が期待する対処行動が描かれています。アジア 4 ヶ国（日本・韓国・中国・台湾）の小学校国語教科書に登場する主人公の行動で比較してみると，自分の意に沿わない場面や他者と対立する場面において，4 ヶ国間で有意差が見られました。日本や韓国では，自分の考えを変えて他者や周囲の状況に合わせる対処行動（自己変容型）が，中国や台湾よりも多く描かれています。それに対して，中国や台湾では，自分の考えを貫くことによって問題解決を図ろうとする対処行動（自己一貫型）がより多く見られます（図 14-1）。教科書には次世代に対して社会の大人たちが期待

第14章 グローバリゼーションと発達支援

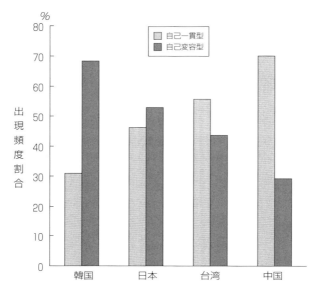

図14-1 東アジアの教科書に登場する主人公の対処行動（塘, 2005）

したり，その社会で一般的に認められた行動が映し出されていると思われますが，同じ東アジア諸国でも期待される対処行動は異なっていることがわかります（塘, 2005）。

また児童期後期になると，対人関係の範囲も広くなり，その内容も深まってきます。他者の立場や気持ちをも理解しながら，問題解決をしていくことがより求められようになります。箕浦（1984）は対人関係の文化文法を感情面をも含めて学ぶことが可能な時期として9～15歳をあげていますが，他者の立場や気持ちに共感しながら，自分の基盤となる対処行動をこの時期の子どもたちは作り上げていきます。それと同時に，図14-1のような客観的な比較を通して，異文化間の対処行動に違いがあることを理解していくことも，今後価値観の異なる人々と共生していくうえで必要です。日常的に見慣れている他者だから感覚的に受け入れ共生していく段階から，日常的に接していなくても他者の考えを理解しようと努め共生していく段階への移行が，青年期頃から求められます。ますます多文化化していく学校の中で，共感的な理解が大切であることはもちろん，それに加えて客観的に理解していくことが，多様な価値観で成り

立っている社会の中での問題解決能力を身につけていくことにつながっていくでしょう。

5. 支援者としての保育者や教師の役割と課題

　言語，アイデンティティ，そして対処行動に関して，異文化間・異言語間移動を経験した子どもへの支援を中心に見てきましたが，どの発達段階でも保育者や教師の役割は大きいと思われます。ここでは支援する側に焦点を当てて，保育者や教師に求められる支援の役割と期待される力，そして今後の課題について見ていきます。第1に，他領域の人々とのネットワークを構築する役割が，保育者や教師には求められます。地域の行政機関，大学，発達支援センターの専門機関等と連携し，通訳者を派遣してもらったり，子どもや親の母語で教育相談ができるカウンセラーを派遣してもらったり，学校内外で子どもの学習を個別に支援する地域の人や大学生のボランティア等と連携する必要があります。教師にはそれらの人々をコーディネートする力が必要です。第2に，子どもの言語や心理状態をアセスメントし，そこから的確な支援目標を導き出す役割が求められます。子どもと親のニーズをふまえ，彼らと一緒になって到達目標を決めるために，長期間つきあう忍耐力と見守る力も必要です。第3に，異文化間移動を経験した者が，自分たちとは異なる価値観の中で生活していたかもしれないと「想像」できる力，そして自分のやり方を振り返り，他領域の人との協働を通しながら，子どもにより良い環境を「創造」できる力が必要でしょう。

　それでは，保育者や教師がこれらの役割をこなしたり，力を発揮するためにはどうしたらよいのでしょうか。保育者や教師が孤軍奮闘するだけでは，今後加速化する保育機関や学校の多文化化には対応できません。彼らを支えるシステムづくりが今後の課題となるでしょう。支援に直接に携わっている保育者や教師は，日々さまざまな問題に向き合っています。たとえば日系ブラジル人に代表されるように，帰国予定が不確実な者も多く，子どもは将来の具体的なイメージを立てられず，勉学への動機づけが低くなる現状があります。しかし教師が親との話し合いをもちたくても，言葉が通じなかったり，子どもに対する

186 第14章 グローバリゼーションと発達支援

教育観の違いや親の長時間勤務のために，話し合いの機会がなかなかもてない
ことがあります（小野寺, 2001）。また現在の日本の法律には外国籍の子どもを
就学させる義務が親にないため，子どもが不登校になった場合，学校側もどこ
まで支援してよいか躊躇することがあります。さらに教師が自分の私的な時間
を割いてまで対応する場合もあるのです。前述の中国人生徒Dの場合には，D
の在籍校以外の教師が，土日に子どもの家まで出向きボランティアで学習支援
を行なっていました。またその教師は，Dが在籍する中学校，近隣の大学や教
育委員会にも働きかけ，Dの支援ネットワークを構築していったのです。

　このような教師の熱意は，異文化間移動を経験した子どもたちの大きな支え
にはなりますが，現職教員がボランティアで支援するには限界があります。コ
ーディネートをする教員を正式な業務として支援システムの中に位置づけてい
くことが必要でしょう。また教育委員会等の教育行政においては，子どもの家
庭全体を支える地域の人や，子ども自身の家庭学習を支える学生ボランティア
を養成するという課題があります。保育者や教師自身が自分の仕事の重要性を
認識でき，自分たちの仕事が認められているという安心感をもつことができる
システム作りをどのように構築していけばよいのでしょうか。教師が一人で問
題を抱え込まない支援のあり方とは何でしょうか。今後も加速化する保育機関
や学校の多文化化に，どう真剣に向き合っていくかが，行政，地域の人々，学
校，そして私たちに今求められています。

文　献

Archer, S. L. （1989）. Gender differences in identity development: Issues of process, domain and timing. *Journal of Adolescence*, **12**, 117-138.

Brown, R. J. （1995）. *Prejudice: Its social psychology*. Oxford: Blackwell. 橋口捷久・黒川正流（編訳）（1999）. 偏見の社会心理学　北大路書房

Cummins, J. （1980a）. The cross-lingual dimensions of language proficiency: Implications for bilingual education and the optimal age issue. *TESOL Quarterly*, **14**, 175-187.

Cummins, J. （1980b）. The entry and exit fallacy in bilingual education. *NABE Journal*, **4**(3), 25-60.

Cummins, J. （2001）. *Negotiating identities: Education for empowerment in a Diverse Society* (2nd ed.). Los Angeles, CA: California Association for Bilingual Education.

Erikson, E. H. （1968）. *Identity: Youth and crisis.* New York: W. W. Norton.

外務省領事局政策課（編）（2017）. 海外在留法人数調査統計（平成29年版） 日経印刷

Goodman, M. E. （1952）. *Race awareness in young children.* New York: Collier.

郡司英美 （2005）. 「日系ブラジル人」の子どもを取り巻く研究の再検討 異文化間教育, **21**, 44-56.

法務省入国管理局（編）（2003）. 出入国管理（平成15年版） 国立印刷局

法務省入国管理局（編）（2007）. 出入国管理（平成19年版） つくる企画

Josselson, R. （1994）. Identity and relatedness in the life cycle. In H. A. Bosma, T. L. G. Graafsma, H. D. Grotevant, & D. J. de Levita（Eds.）, *Identity and development: An interdisciplinary approach.* Thousand Oaks, CA: Sage. pp.81-102.

海外子女教育振興財団 （2002）. 海外子女教育No.355

海外子女教育振興財団 （2017）. 海外子女教育No.538

厚生労働省政策統括官（編）（2017）. 平成27年人口動態統計（上中下3冊） 上巻 厚生労働統計協会

小内 透 （2001）. 子どもの教育と学校生活 小内 透・酒井恵真（編著） 日系ブラジル人の定住化と地域社会 御茶の水書房 pp.198-202.

小内 透 （2003）. 日系ブラジル人の教育と保育：群馬県大田：大泉地区を事例として 明石書店

Marcia, J. E. （1993）. The relational roots of identity. In J. Kroger（Ed.）, *Discussions on ego identity.* Hillsdale, NJ: Lawrence Erlbaum. pp.101-120.

文部科学省 （2017）. 「日本語指導が必要な児童生徒の受入状況等に関する調査（平成28年度)」の結果について （http://www.mext.go.jp/b_menu/houdou/29/06/1386753.htm）

箕浦康子 （1984）. 子供の異文化体験 思索社

永田彰子・岡本祐子 （2005）. 重要な他者との関係を通して構築される関係性発達の検討 教育心理学研究, **53**, 331-343.

日本学生支援機構 （2017）. 平成28年度外国人留学生在籍状況調査結果

入管協会 （2017）. 在留外国人統計 平成28年版

岡本祐子（編著）（2002）. アイデンティティ生涯発達論の射程 ミネルヴァ書房

小野寺理佳 （2001）. 外国人の子どもの学校生活と親の意識 小内 透・酒井恵真（編著） 日系ブラジル人の定住化と地域社会 御茶の水書房 pp.207-219.

Perner, J. （1991）. *Understanding the representational mind.* Cambridge, MA: MIT Press.

Piaget, J. （1947）. *La représentation du monde chez l'enfant.* Paris: Presses Universitaires de France. 大伴 茂（訳）（1955）. 児童の世界観 臨床児童心理学Ⅱ 同文書院

Premack, D., & Woodruff, G. （1978）. Does the chimpanzee have a theory of mind? *Behavioral and Brain Sciences*, **1**, 515-526.

佐藤千瀬　（2005）．「外国人」の生成と位置付けのプロセス：A幼稚園での参与観察を事例として　異文化間教育, **21**, 73-88.

関口知子　（2003）．在日日系ブラジル人の子どもたち：異文化間に育つ子どものアイデンティティ形成　明石書店

総務省統計局（編）（2001）．平成12年国勢調査　第2巻　その1　全国編　日本統計協会

総務省統計局（編）（2017）．平成27年国勢調査　第2巻　その1　全国編　日本統計協会

杉村和美　（2001）．関係性の観点から見た女子青年のアイデンティティ探求：2年間の変化とその要因　発達心理学研究, **12**, 87-98.

塘　利枝子（編著）（2005）．アジアの教科書に見る子ども　ナカニシヤ出版

塘　利枝子　（2006）．環境に埋め込まれた保育観と乳幼児の発達　山田千明（編）多文化に生きる子ども：乳幼児期からの異文化間教育　明石書店　pp.70-100.

塘　利枝子　（2017）．異文化適応に対する支援　近藤清美・尾崎康子（編著）　社会・情動発達とその支援　ミネルヴァ書房　pp.254-273, pp.314-318.

コラム6　異文化間カウンセリング

1. 異文化間カウンセリングとは

　大学生の就職活動場面で「将来，海外支店に行ってもらえますか」「会社で，外国人ワーカーとうまくやっていけそうですか」といった質問をされることが珍しくなくなってきました。「人・物・お金」が国境を越えて行き交うグローバリゼーションの進行によって，異文化に長期間接触したり海外移住したりする機会が増えています。

　筆者が勤務する大学のキャンパスでも，外国人留学生に限らず日本生まれの外国籍の学生や，保護者の国際結婚により日本国籍をもつ学生達の姿が多く見られるようになってきました。文化的背景の異なる学生同士が学び合うことへの教育的価値が強調されるようになり，異文化間，多文化間共修の取り組みがなされています。多様な文化的背景をもつ学生たちは，大学教育に貢献するダイバーシティの象徴となりつつあります。

　現在，公立学校に在籍する外国籍の児童生徒数は約7万人にのぼり，日本語指導を必要とする児童生徒数はそのうちの約4割，3万人を超えています（文部科学省，2017）。2010年の統計では日本語指導を必要とする児童生徒数は2万人を超えていると報告されていましたので，ここ数年で約1万人増えたということになります。日本語が使えるようになっても母語が未発達のままで家族との意思疎通が困難であったり，使えるはずの日本語も学習面での理解には及ばなかったり，微妙なニュアンスを介せず友人とのコミュニケーションに支障をきたしたりという問題が発生しています。これまで学校現場で異文化間カウンセリングを必要としてきた外国人留学生，日本人帰国子女に加えて，今後も増加が見込まれる外国籍の子どもたちへの心理発達的な支援が急がれます。

　文化は，物の見方やとらえ方や考え方，価値観，生き方を支える基本的な信念などにかかわるものであると考えられています（Pollock & Van Reken, 2001）。それだけに，慣れ親しんできた母国での生活を離れ，言葉，価値観，生活様式の異なる文化で暮らすことは，「自由に表現できない自分に移行すること」でもあります（星野，1992）。異文化接触によって，子どもたちは，無能感，孤立感，喪失感，怒り，葛藤，自我同一性の混乱などを体験し，カルチャーショックと呼ばれる違和感を伴った精神的，身体的な動揺を感じることになりますが，そうした心理社会的危機を体験するなかで，アイデンティティの問い直しと再構築による成長の可能性も含んでいます。

　異文化間カウンセリングとは，文化的背景を異にする人たちへのカウンセリング，あるいは異なる文化圏にまたがる生活経験が原因，契機として生じる不適応援助のためのカウンセリングの総称ですが，ここでは，学校で異文化間カ

ウンセリングを行なううえで必要とされる視点と今後の可能性について考えて
みたいと思います。

2. 異文化間カウンセリングに求められる視点
［1］発達心理学的視点

　児童青年期は，アイデンティティを形成して自ら獲得した価値基準をもとに
自立へと向かう時期です。仲間集団との親密な関係の構築，進路選択，そして
自分が何者であるかという主体的な問いかけを行なうことを発達課題としてい
ます。しかしながら，異なる環境への移転や対象からの突然の離別によって不
安定さを感じ，仲間集団での対人関係の構築や自己探索活動が十分に行なえな
いことから，異文化で育った子どもたちには思春期が遅れてやってくるという
報告（Pollock et al., 2001）も紹介されています（栗原, 2004）。

　子どもを対象に行なう異文化間カウンセリングでは，発達段階特有の心理的
課題を見据え，文化的葛藤から生じた行動や症状面での変化改善だけでなく，
健全な自己価値感の育成，アイデンティティの形成という心的作業に向き合っ
ていくことが求められます。表面的にはカルチャーショックが原因と理解され
るものでも，発達段階を振り返り，その歪みを修正していくことで，より多様
なアイデンティティの確立につなげられます。たとえば，母国では特に問題な
く通学していたのに，異国の教室で級友に発音を笑われたことを契機に不登校
になった場合，失敗や他者からの評価をどのように体験してきたのかというこ
とと共に，家庭内のきょうだい間葛藤，母子関係を丁寧に見直していくことが
子どもの理解と援助に意味をもちます。また，異文化体験における摂食障害は，
不慣れな環境で満足のいく形での自己表現ができなかった子どもの心身からの
メッセージというとらえ方が必要ですし，学習障害の子どもたちにとっての第
二言語習得の困難さや，未知の習慣や伝わらない言語の中に置かれる混乱を体
験する多動性障害の子どもたちの辛さも，母国にいれば発達障害を強く意識し
ないですんだのかも知れません。異文化間葛藤と心理発達課題という複眼的視
点をもつことによって，より深い理解が可能になるのではないでしょうか。

［2］家族支援と中長期的援助の視点

　子どもたちは家族単位で移動し，共に暮らす家族メンバーの異文化体験から
大きく影響を受けるため，家族支援の視点も重要です。たとえば不登校という
子どもの不適応問題も，背景に異文化接触に伴う親の不安や混乱，夫婦間葛藤
が存在することがあり，子どもを取り巻く家族全体の問題と重ね合わせて考察
する家族療法的視点をもつ必要があります。

　加えて，中長期的視点をもった支援も不可欠です。経済的事情による帰国と
来日の繰り返しや，滞在の長期化，在日期間が特定できない不安定さが，子ど

もたちの将来展望のもちにくさにつながっているからです。今後ますます定住化が進み，進学や就職，将来的には家族を築くといった新しい課題に直面していく可能性もあり，子どもたちの抱える不確実感を共有しつつ，中長期的視点を備えた援助が必要とされていくことでしょう。

［3］連携構築と心理教育的カウンセリングの視点

母語の異なる外国人児童生徒への援助は，校内外の社会的資源との連携構築が肝要です。日常的に子どもたちに接する日本語適応教室補助員，語学相談員，担任教師，保護者，地域支援者達といった関係部署と連携をし，臨床心理的なコンサルテーションを行なうことが求められています。

ストレスの多い学校場面において，心理教育的カウンセリングを行なうことも重要です。自分の感情に気づき言語化して相手に伝えるコミュニケーションやストレス解消法も役に立つでしょう。仲間との関係改善や，教師との適切な関係構築スキルも予防教育として必要です。異文化間カウンセリングに限らず，広く学校場面で伝えられるべき事項だと思われます。

海外派遣のケースでは，対人関係上の常識の違いや強い自己主張に象徴される個人主義文化に適応できない，といったことが起こります。自己主張訓練やロールプレイを通しての自分の長所の伝え方の体験的な学びが有用です。語学研修や交換留学プログラムを有する学校も増えています。異文化の特徴の説明と教授，具体的なアドバイス，ロールプレイングからのフィードバック，エンカウンターなどを取り入れると異文化適応の効果が期待できることでしょう。

3. 先進的な取り組みを行なう学校の事例

グローバル化が進む昨今，コミュニティでの異文化で生活している子どもにはどのような心理的教育が望ましいのでしょうか。1924年設立の日本最古のインターナショナルスクール，横浜インターナショナルスクール（YIS）の例を見てみましょう。YISには45か国から集まった675名の児童生徒がプリスクールから第12学年まで在籍しています。100名の教職員のうち4名が常駐専任カウンセラーで，国際バカロレア（IB）機構が提供する，国際的な視野をもった若者を育成する年齢別教育プログラムを中心に学んでいます。IBは140以上の国と地域で実施され，16〜19歳対象のプログラムを履修し合格すれば世界で通用する大学入学資格が取得できます。YISはIBで高い実績を示している学校です。そのハイパフォーマンスの下支えとなるプライマリースクールで3歳児から12歳児までを担当するスクールカウンセラー（SC）の熊本エリザ先生の働きを紹介します。

IBプログラムでは「IBの学習者像」として，「探求する人」「心を開く人」「知識のある人」「思いやりのある人」「考える人」「挑戦する人」「コミュ

ニケーションができる人」「バランスのとれた人」「信念をもつ人」「振り返りができる人」という10の人物像が示されています。プライマリー・イヤーズ・プログラム（PYP）でのSCのカウンセリング業務は，個人面接や教職員，保護者へのコンサルテーションに限らず，IBの学習者像の育成をもとに多岐にわたります。筆者が参観した2つの授業では「いじめ」を扱った物語を通して，他人の気持ちを理解する方法，自分の気持ちの伝え方，そのコントロール方法などが取り上げられていました。各授業は17名程度の小人数制で，SCと生徒との1対1対応がクラス全員と順々に取り交わされながら進められていく様子は，あたかもグループ面接のようでした。教育カリキュラムにSCによる心理予防教育が組み込まれ，情緒と社会性の教育が行なわれていることは大変印象的で，大学の学生相談活動と共通する業務の在り方を感じました（佐藤，2016）。児童生徒に必要なのは，寛容，尊重，受容する心。いじめによる事件や事故が起こる前に目の前の子どもに何が起きていて何が必要かを知り，予防教育を充実させていくことが最重要事項だと熊本先生は話します。またそのためにも，教育現場でのインターンシップの必要性が語られました。「ハイ，ミズ・クマモト！」と子どもたちから次々と声がかかる熊本先生の姿に今後のSCの働きの可能性を感じました。

文　献

中部管区行政評価局　（2017）．宗教的配慮を要する外国人の受入環境整備等に関する調査 ―ムスリムを中心として― 資料編
<http://www.soumu.go.jp/main_content/000521058.pdf>

栗原真弓　（2004）．異文化間カウンセリングを実践する上での留意点―帰国児童生徒への臨床を通して　異文化間教育，**20**，11-19.

星野　命　（1991）．クロス・カルチュア思考への招待―異文化間体験の心　読売新聞社　p.16.

文部科学省　（2011）．国際バカロレアについて
<http://www.mext.go.jp/a_menu/kokusai/ib/>

文部科学省　（2017）．学校における外国人児童生徒等に対する教育支援の充実方策について（報告）
<http://www.mext.go.jp/b_menu/houdou/28/06/1373387.htm>

Pollock, D. C., & Van Reken, R. E.　（2001）．Third culture kids : The experience of growing up worlds. London: Nicholas Brealey.

佐藤枝里　（2016）．学生相談室による新入生を対象とした多層的支援―正課授業と正課外活動による実践事例―　日本学生相談学会第34回大会発表論文集, 55.

特別支援教育の現在

1. 特殊教育から特別支援教育へ

　障害のある児童生徒をめぐる動向は障害の重複化，発達障害への対応，卒業後の進路の多様化，ノーマライゼイションの進展などといった変化がみられています。こうした状況に対応することを目的として，2007年4月，特別支援教育がスタートしました。1節では，特別支援教育とはどのようなものか解説します。

[1] 新しい障害観

　文部科学省は，「特別支援教育を推進するための制度の在り方について（答申）」（以下，答申と記す）（中央教育審議会，2005）の中で，21世紀の教育制度の大きな転換の根幹には医学や心理学の進展と社会におけるノーマライゼイションの浸透による障害の概念や範囲の変化があることを指摘しています。その新しい障害の概念は，2001年にWHO（世界保健機関）で採択されたICF（国際機能分類，International Classification of Functioning, Disability and Health）によく現われています。ICFは，健康に関する構成要素を心身機能，身体構造，活動，参加，環境因子，個人因子でとらえ，それらの関係を図15-1のように表わしています。各要素のベクトルが双方向に向いているこの図からもわかるように，ICFの重要な点は，障害を固定したものではなく，個人と環境との相互作用によって変化すると考えるところ，すなわち，障害がもたらす

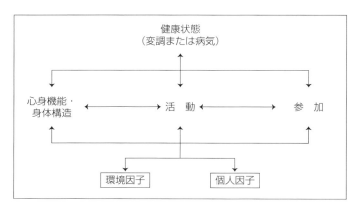

図15-1 ICFの構成要素 (WHO, 2001)

生きにくさは環境によって変化するという考え方である点です。こうした国際的な障害観の変化をふまえた特別支援教育は、身体機能等の欠陥を補うというより、障害のある幼児児童生徒の自立や主体的な社会参加を支援するという視点に立っています。

[2] 特別支援教育の考え方

2007年4月1日の学校教育法の改正により、特別支援教育は法的に位置づけられました。特別支援教育の理念は、「特別支援教育の推進について(通知)」(以下、通知と記す)(文部科学省,2007) に、次のように記述されています。

> 特別支援教育は障害のある幼児児童生徒の自立や社会参加に向けた主体的な取り組みを支援するという視点に立ち、幼児児童生徒一人一人の教育的ニーズを把握し、その持てる力を高め、生活や学習上の困難を改善または克服するため、適切な指導及び必要な支援を行うものである。また、特別支援教育は、これまでの特殊教育の対象の障害だけでなく、知的な遅れのない発達障害も含めて、特別な支援を必要とする幼児児童生徒が在籍する全ての学校において実施されるものである。

このように、特別支援教育は、①ひとりひとりの教育的ニーズに応じた支援、②乳幼児期から学校を卒業するまでの一貫した支援、③学習障害(以下、LDと記す)、注意欠陥／多動性障害(以下、ADHDと記す)、高機能自閉症の発達障害を含めた支援の、3つの支援を理念としています。これまでの特殊教育

が，障害のある子どもたちを障害の程度等に応じた特別な場において指導するものであったのに代わり，特別支援教育は，従来の特殊教育の対象範囲の児童生徒に加えて，通常の学校に学ぶ LD，ADHD，高機能自閉症等の児童生徒への対応を緊急かつ重要な課題と認め（特別支援教育の在り方に関する調査研究協力者会議，2003），ひとりひとりの教育的ニーズに応じた支援を行なうものです。そして，こうした理念の特別支援教育を推進するため，表15-1 に示すような 6 項目が，必要な取り組みとして示されました。以下では，この 6 項目のうち，個別の教育支援計画，個別の指導計画，特別支援教育コーディネーターについて解説します。

表15-1　「特別支援教育の推進について（通知）」で示された，特別支援教育を行なうための体制の整備および必要な取組

①特別支援教育に関する校内委員会の設置
②実態把握
③特別支援教育コーディネーターの指名
④関係機関との連携を図った「個別支援教育計画」の策定と活用
⑤「個別の指導計画」の作成
⑥教員の専門性の向上

[3] 個別の教育支援計画と個別の指導計画

個別の教育支援計画は，障害のある児童生徒のひとりひとりのニーズを正確に把握し，教育の視点から適切に対応していくという考えのもとで，乳幼児期から学校卒業までの長期にわたって一貫した支援を行なうことを目的にして，個別に策定するものです。

教育上の指導や支援の具体的な内容・方法等を，計画・実施・評価・計画の見直し（Plan-Do-Check-Action）を通して，適切な支援を効果的に行なおうとするものです。また，個別の教育支援計画は長期にわたる教育計画であることにとどまらず，医療，福祉，労働のさまざまな側面からの取り組みを含むことが必要とされています。これは，関係諸機関が役割を分担しながら連携を取って支援することの重要性を示すものです。

個別の教育支援計画が義務づけられたのは，特別支援学校に在籍する幼児児童生徒についてですが，小・中学校については必要に応じて策定されます。さ

196 第15章 特別支援教育の現在

らに，従来の盲・聾・養護学校ではこれまで，学期ごともしくは年間の具体的な指導目標や内容が記載された「個別の指導計画」を，児童生徒ひとりひとりについて作成することが義務づけられてきました。通知の中でも，この個別の指導計画は，障害が重度・重複化，多様化する個の教育的ニーズに応じるものとして，特別支援学校や小・中学校で実践に用いることが推奨されています。

［4］特別支援教育コーディネーター

特別支援教育コーディネーターは各学校が特別支援教育を推進するための中心的存在です。通知では，特別支援教育コーディネーターの役割について，主に，校内委員会・校内研修の企画・運営，関係諸機関・学校との連絡・調整，保護者からの相談窓口を担うと記述されています。そして学校長に対して，特別支援教育コーディネーターを校務分掌に明確に位置づけ，校長がコーディネーターの役割を担う教員を指名することを義務づけました。特別支援教育コーディネーターの役割は，「小・中学校における LD（学習障害），ADHD（注意欠陥／多動性障害），高機能自閉症の児童生徒への教育支援体制の整備のためのガイドライン（試案）」（文部科学省, 2004）の中で詳細に述べられています（表15-2）。これらの役割からもわかるように，特別支援教育コーディネーターには校内の教職員および保護者との連絡調整を図るとともに，校外の関連諸機関との連携を推進することが求められています。特に，特別支援学校のコーディネーターは，小・中学校の支援や，地域の関係諸機関との密接な連絡調整を行なう点で，小・中学校のコーディネーターにはない，地域の連携の中心的役割が付加されています。これは，次に述べる，特別支援学校がセンター的機能

表15-2 「小・中学校における LD（学習障害），ADHD（注意欠陥／多動性障害），高機能自閉症の児童生徒への教育支援体制の整備のためのガイドライン（試案）」に示された，特別支援教育コーディネーターの役割

①校内の関係者や関係機関との連絡調整を行うこと
②保護者に対する相談窓口として活躍すること
③担任への支援を行うこと
④巡回相談や専門家チームとの連携を進めること
⑤校内委員会での推進役として活躍すること
⑥校内での具体的な連絡調整の推進

2. 特別支援教育の仕組み　*197*

を担うために重要な役割です。

2. 特別支援教育の仕組み

　図 15-2 は文部科学省によって示された特別支援教育の概念図です。2006 年および 2007 年の関係法令の改正によって，盲・聾・養護学校は特別支援学校に，特殊学級は特別支援学級に変更され，通級による指導の対象や教員免許も見直されました。2 節では，それらの新しい仕組みについて説明します。

[1] 特別支援学校への転換と特別支援学校のセンター的機能

　これまでの盲・聾・養護学校が「特別支援学校」へと転換した大きな意味は，障害種別を超えた学校となったことです。これには，盲・聾・養護学校に在籍していた児童生徒のうち半数近くが重複障害学級に在籍するなど，障害の重度・重複化が進んでいる実態が背景にありました（特別支援教育の在り方に関する調査研究協力者会議，2003）。従来の特殊学校が特別支援学校に変わることにより，各都道府県等が地域のニーズに合わせて，複数の障害に対応した学校を設置できる制度ができたと考えられます。

　特別支援学校の教育の対象となる障害は，これまでの盲・聾・養護学校が対象としてきた，盲・聾・知的障害・肢体不自由・病弱の 5 種類およびそれらの重複障害です。しかし，LD・ADHD・高機能自閉症等についても，特別支援学校のセンター的機能を通じて，小・中学校を通して支援することが望まれています。また，自閉症についても，知的障害養護学校で自閉症を有する幼児児童生徒の学級を設ける取り組みの流れを受け，特性に応じた対応のあり方の検討が進んでいるところです。

　特別支援学校に課された重要な役割にセンター的機能があります。これは，特別支援学校が蓄積してきた専門的知識や技能を生かして，地域の特別支援教育を推進するもので，答申の中で表 15-3 に示すような 6 項目があげられました。さらに通知には，特別支援学校に対して，地域の学校等の要請に応じて，個別の指導計画の作成や個別の教育支援計画の策定などの支援や，保育所をはじめとした保育施設などの他機関との連携の役割が指示されました。

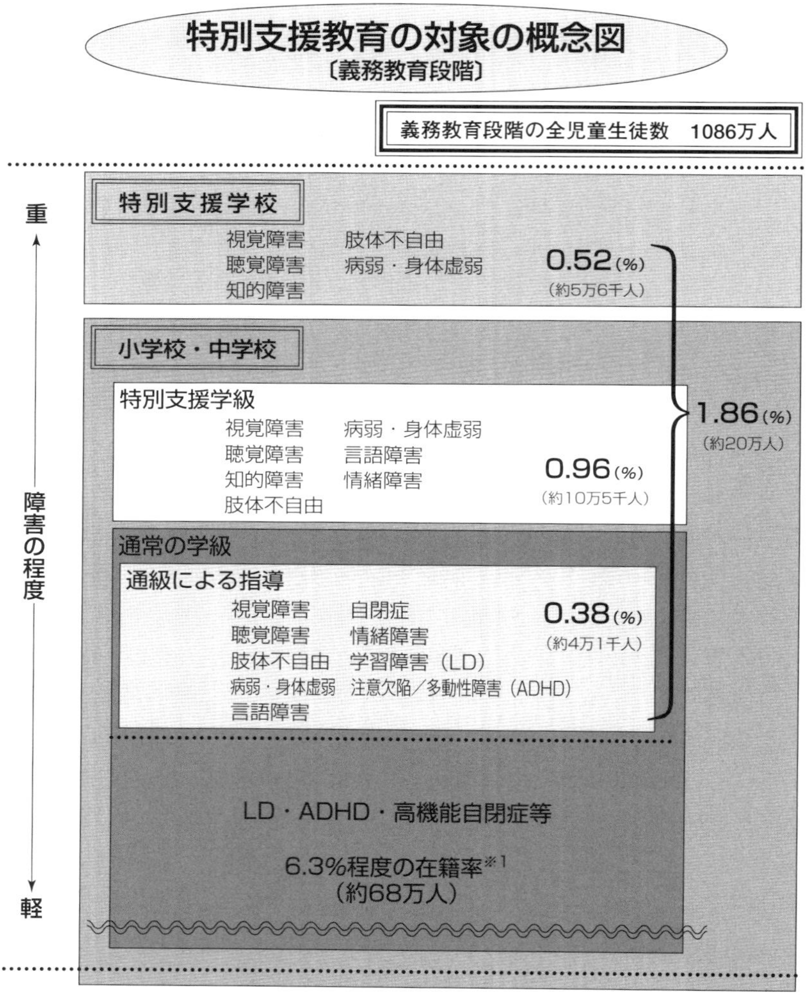

198　第 15 章　特別支援教育の現在

特別支援教育の対象の概念図
〔義務教育段階〕

義務教育段階の全児童生徒数　1086万人

重

特別支援学校

視覚障害　　肢体不自由
聴覚障害　　病弱・身体虚弱　　**0.52**(%)
知的障害　　　　　　　　　　（約5万6千人）

小学校・中学校

特別支援学級

視覚障害　　病弱・身体虚弱
聴覚障害　　言語障害
知的障害　　情緒障害　　　　**0.96**(%)
肢体不自由　　　　　　　　（約10万5千人）

1.86(%)
（約20万人）

通常の学級

通級による指導

視覚障害　　自閉症　　　　　**0.38**(%)
聴覚障害　　情緒障害　　　　（約4万1千人）
肢体不自由　学習障害（LD）
病弱・身体虚弱　注意欠陥／多動性障害（ADHD）
言語障害

LD・ADHD・高機能自閉症等

6.3%程度の在籍率※1
（約68万人）

障害の程度

軽

※1　この数値は，平成14年に文部科学省が行った調査において，学級担任を含む複数の教員により判断された
　　回答に基づくものであり，医師の診断によるものでない。

（※1を除く数値は平成18年5月1日現在）

図15-2　文部科学省による特別支援教育の対象の概念図（文部科学省ホームページ）

2. 特別支援教育の仕組み   *199*

表15-3 「特別支援教育を推進するための制度の在り方について（答申）」で示された，特別
支援学校のセンター的機能の具体的内容

①小・中学校の教員への支援機能
②特別支援教育に関する相談・情報提供機能
③障害のある幼児児童生徒への指導・支援機能
④福祉，医療，労働などの関係機関等との連絡・調整機能
⑤小・中学校等の教員に対する研修協力機能
⑥障害のある幼児児童生徒への施設設備等の提供機能

［2］特殊学級から特別支援学級へ

2007年4月に，特殊学級の名称は「特別支援学級」へと変更になりました。特別支援学級の構想は，障害のある児童生徒の実態に応じて特別支援教育を担当する教員を各学校に柔軟に配置し，LD，ADHD，高機能自閉症の児童生徒を含め，障害のある児童生徒が通常の学級と特別支援学級との両方で適切な指導および必要な支援を受けることができるような弾力的なシステムの構築です。当面はこれまでの特殊学級と同様の形態ですが，今後，ほとんどの時間を特別支援教室で支援を受ける児童生徒から，一部の時間のみ支援を受ける児童生徒まで，個のニーズに対応して利用することが可能な「教室」としての位置づけも，検討されています。

［3］通級による指導の見直し

通級による指導とは，小・中学校の通常の学級に在籍する障害の軽い子どもが，ほとんどの授業を通常の学級で受けながら，障害の状態等に応じた特別の指導を特別な場（通級指導教室）で受ける指導形態のものです。通級による指導の形態が法律的に保障されたのは1993年で，対象となる障害種は，言語障害，情緒障害，弱視，難聴，肢体不自由，病弱・身体虚弱の6障害でした。学校教育法施行規則の改正により，2006年4月より，これらの6障害に，LDおよびADHDが，指導の対象として加わりました。また，これまで情緒障害として一括して取り扱われていた自閉症が，情緒障害から区別されて独立した障害として扱われるようになりました。こうして，LDおよびADHDの児童生徒の指導を目的とした通級指導教室が，地域の特性に応じて小・中学校に新たに

200 第 15 章 特別支援教育の現在

設置され始めています。しかし，文部科学省（2006）は「通級による指導の対象とすることが適当な自閉症者，情緒障害者，学習障害者又は注意欠陥多動性障害者に該当する児童生徒について」（通知）において，LD や ADHD の児童生徒は，通常の学級で適切に対応することが大切である子どもも少なくないと記述し，LD や ADHD については，通級による指導だけに頼らない支援の重要性を指摘しています。

［4］ 教員の専門性と教員免許

特別支援教育の推進のためには，専門的な知識や技能が必要なことはいうまでもありません。2007 年 4 月の学校教育法の一部改正により，従来の，盲・聾・養護学校のそれぞれの免許状は特別支援学校教諭の免許状に一本化されました。しかし，さまざまな障害についての知識や専門性を確保するため，大学等における科目習得状況に応じて障害の種別を特定して授与されることになりました。また，特別支援学校がセンター的機能を担うために，特別支援学校の対象となる 5 障害の他に，言語障害，情緒障害，LD，ADHD，高機能自閉症を含めたさまざまな障害に関する知識を習得することも必要とされました。

文部科学省は通知において，特別支援学校に対して，教員の特別支援学校教諭免許状の保有状況の改善や，研修に努めることを指示しました。また，障害の重複化にともない，複数の領域にわたって免許状を取得することが望ましいと述べています。特別支援学級や通級による指導の担当教員についても専門的な知識や技能が必要ですが，当面は特別支援学校教諭の免許状を所有しなくても担当できると定められています。

3. 発達障害児の支援

特別支援教育は発達障害児への支援に重点を置いています。そこで 3 節では，通常の学級における発達障害児の現状と支援の方法について解説します。

［1］ 全国実態調査

2002 年，文部科学省は「通常の学級に在籍する特別な教育的支援を必要と

3. 発達障害児の支援　*201*

する児童生徒に関する全国実態調査」を実施し，小・中学校の通常の学級において担当教員が学習面や行動面で困難があると感じている子どもの数を明らかにしました。表 15-4 は，実態調査で明らかになった数字です。この調査により，通常の学級に在籍している児童生徒の中には，知的発達に遅れはないものの，学習面や行動面で著しい困難を示すと担任教師が回答した児童生徒は全体の 6.3％にも上ることがわかりました。これらの児童生徒は LD・ADHD・高機能自閉症の発達障害の子どもである可能性が高いと考えられ，割合は，40人学級では 2 人ないし 3 人，30 人学級では 1 人ないし 2 人に相当します。こうした実態が明らかになったことにより，発達障害児への支援は，すべての教室，すべての教員がかかわる学校教育全体における喫緊の課題であると認識されました（中央教育審議会, 2005）。

表15-4　知的発達に遅れはないものの学習面や行動面で著しい困難を示すと担任教師が回答した児童生徒の割合（「通常の学級に在籍する特別な教育的支援を必要とする児童生徒に関する実態調査」より）

困難の種類	割合
学習面か行動面で著しい困難を示す	6.3％
学習面で著しい困難を示す	4.5％
行動面で著しい困難を示す	2.9％
学習面と行動面ともに著しい困難を示す	1.2％

[2] 通常の学級における支援

　先にも述べたように，文部科学省（2006）は LD・ADHD・高機能自閉症の児童生徒への対応は，通常の学級における教員の適切な配慮やティーム・ティーチングの活用，学習内容の習熟の程度に応じた指導の工夫により，対応することが適切である者も多いと述べています。このことは，通常の学級での学習にほぼ参加できる発達障害児にとって，通常の学級における学習への配慮がとても重要であることを指します。では，通常の学級における教員の適切な配慮とは，どのようなことを指すのでしょうか。

　通常の学級は発達障害の児童生徒をはじめとして，多様な子どものニーズに応じた授業を展開することが求められています。こうした授業について，近年「授業のユニバーサルデザイン」の提唱があります。ユニバーサルデザインと

は物理的な環境デザインを指す言葉で，「すべての年齢や能力の人々に対し，可能な限り最大限に使いやすい製品や環境のデザイン」（North Carolina State University, The Center of Universal Design, 1997）と定義できます。これを授業に当てはめて考えると，教師は学級には興味関心や能力の異なるさまざまな子どもたちがいることを認識し，多様なニーズへの対応をできるだけ目立たない形で組み込むことで，すべての子どもに理解しやすい授業を展開することになります。石橋（2006）は授業のユニバーサルデザインについて，①授業の流れを一定にする，本時の学習の予定を授業の始めに確認するなど，子どもが見通しをもって授業に取り組めるための手だて，②わかりやすいことばを使う，絵・写真・文字など視覚的な補助を使用するなど，教師の話を子どもにわかりやすく伝えるための手だて，③課題のねらいを明確にし，ねらい以外の作業で子どもがつまずくのを軽減するための配慮を行なうなど，子どもが課題を遂行するのを助ける手だての，3つの手だてが必要であることを提案しています。こうした手だては，これまでの授業の進め方についていけない子どもにすぐにも個別の配慮を提供するのではなく，まず，多くの子どもにより理解しやすい授業になるよう授業の進め方を見直すものです。もちろん，それでも授業の理解が困難な子どもには，個別的な配慮が必要となります。個別的な配慮は担任教師が行なうものもありますが，多くは担任教師以外もかかわることが多いものです。個別的支援の成果が通常の学級で発揮されるよう，担任教師と子どもにかかわる支援者が有機的な連携をとることが，効果的な支援にきわめて重要です。

［3］発達障害を周囲との関係で考える

1節で述べたように，ICF の障害観が，これまでの機能障害（impairments）→能力障害（disabilities）→社会的不利（handicapped）という，ベクトルが一方向に作用するという考え方から，要素の双方向のかかわりにより障害が形成されるという考え方へ変化したことは，発達障害を周囲との関係の中でとらえることの重要性を示しているといえます。鯨岡（2007）は子どもの成長について，「周囲の人との関係，それも単なる行動水準の関わり合いを越えて，心と心，思いと思いが絡み合う中で進行するものである。育てる側の負の思いは

必ずや子どもの側にも負の思いをもたらし，それが結局は子どもの状態像に跳ね返ることになる。障碍は常に関係性の中で顕在化する」と述べ，発達障害を「関係性の障碍」ととらえています。すなわち，鯨岡が指摘するように，発達障害を障害特性とその結果もたらされた行動と理解するのではなく，「周囲との関係で障害の状態像が形成され」，周囲と子どもとは「共に生きることが難しくなる」ととらえることが必要ということです。このように，発達障害を周囲との関係でとらえた時，どのような支援が必要と考えられるでしょうか。

　田中（2004）は周囲の大人が感じている子どもの育てにくさを，子どもの立場での「困り感」としてとらえることの重要性を指摘しています。つまり，行動の背景にある子どもの思いを理解することで，子どもの気持ちに添った支援が可能になり，子どもに変容が見られます。そして，そうした子どもの変容は，自ずと周りの大人においても子どもとのかかわりにくさや育てづらさを軽減させることになります。このような，子どもと周囲の大人との間に関係性の好循環を生みだすことができる子どもの内面の理解が，今，子どもの発達を促す支援の基礎として必要とされていると思われます。

[4] 今後の課題

　特別支援教育は，ひとりひとりのニーズに合わせた，生涯にわたる一貫した教育が理念です。こうした理念の実現にはまだまだ多くの取り組みが必要だと考えられます。まず第一に，教員の専門性の向上は不可欠です。しかし，専門的知識と技能をもった教員が増えるだけでなく，普段，子どもとかかわっている通常の学級の担任の気づきや配慮，そして保護者の理解が，子どもたちには非常に重要です。担任や保護者，さらには本人に，発達障害についてどのように理解を促していくのか，その内容や方法について，今後の検討が必要だと思われます。

　また，小・中学校には校内委員会の設置や，特別支援教育コーディネーターの配置などで，特別支援教育を推進するための準備が整いつつありますが，就学前の幼稚園や保育所，義務教育が終了する高校以降においては制度ができていません。5歳児健診の必要性や発達障害と非行との関連性が明らかになってきていますが，小・中学校だけでなく，義務教育前後の支援体制の構築も，早

急な対応が求められています。

文　献

中央教育審議会　（2005）．特別支援教育を推進するための制度の在り方について（答申）

石橋由紀子　（2006）．通常学級に在籍する軽度発達障害のある子どもに対する指導方法─授業のユニバーサルデザイン─　菅野　敦・宇野宏幸・橋本創一・小島道生（編）特別支援教育における教育実践の方法　ナカニシヤ出版　pp.140-150.

鯨岡　峻　（2007）．発達障碍ブームは「発達障碍」の理解を促したか　そだちの科学，**8**, 23-27.

文部科学省　（2002）．通常の学級に在籍する特別な教育的支援を必要とする児童生徒に関する全国実態調査

文部科学省　（2004）．小・中学校におけるLD（学習障害），ADHD（注意欠陥／多動性障害），高機能自閉症の児童生徒への教育支援体制の整備のためのガイドライン（試案）

文部科学省　（2006）．通級による指導の対象とすることが適当な自閉症者，情緒障害者，学習障害者又は注意欠陥多動性障害者に該当する児童生徒について（通知）

文部科学省　（2007）．特別支援教育の推進について（通知）

North Carolina State University, The Center of Universal Design　（1997）．*The principles of universal design.*

田中康雄　（2004）．わかってほしい！気になる子　学習研究社

特別支援教育の在り方に関する調査研究協力者会議　（2003）．今後の特別支援教育の在り方について（最終報告）

WHO　（2001）．nternational classification of functioning disability and health.　障害者福祉研究会（訳）（2002）．ICF国際機能分類─国際障害分類改訂版─　中央法規

資　料

図15-2　文部科学省HP（http://www.mext.go.jp/a_menu/shotou/tokubetu/main/001.pdf）

コラム7　病気の子どもと院内学級における発達支援

1.　病をかかえる子どもたちの発達

　病をかかえる子どもたちには，健康児の2〜3倍心理的問題が生じやすいといわれてきました（Lavigne & Faier-Routman, 1992）。ましてや入院という生活環境の変化をも伴うならば，疾患の予後への不安に加え，治療上必要な行動制約，社会的刺激に乏しい生活環境等に起因するストレスが，子どもたちの発達にマイナスの影響を及ぼすことが懸念されます。昨今の医療技術の向上はめざましく，かつては治癒の見込みの薄かった病をかかえる子どもたちも，学校や社会へと戻っていくことが当たり前になっています。同時に，子ども時代に受けた化学療法や放射線療法の後遺症である晩期障害の症状に悩む小児がん経験者への支援も課題になってきています（松浦，2017）。今一度，病気の子どもたちの発達支援について問い直す時がきています。

2.　病気の子どもと学校教育

　病気の子どもたちを対象とする教育は，教育行政上は病弱・身体虚弱教育（以下，病弱教育と略します）として，特別支援教育の一環に位置づけられています。近年の小児医療では，入院児の発達保障を目指した環境・治療体制づくりが目指され，その一環として，入院中の学校教育の必要性も強く認識されるようになりました。1990年代に「入院児にも教育の機会を与えてほしい」という保護者の声に端を発した草の根運動が始まり，1994年には文部省通知「病気療養児の教育について」が出されるに至りました。「病気だから…」「入院中ぐらいは…」との理由づけのもと，従来おろそかにされ続けてきた入院中の子どもたちへの「学校教育」という発達支援が，公的に推進されるようになったのです。さらに，2013年には文部科学省通知「病気療養児に対する教育の充実について」が出され，治療上必要な対応や継続的な通院を要するため退院後も学校への通学が困難な病気療養児への教育的配慮も求められました。

　このように，病弱教育に関する制度上の整備は少しずつ歩みを進めてきましたが，その具体的なありようについての知悉度はいまだに低いというのが現状です。以下に，病弱教育の場のひとつである院内学級における発達支援についてご紹介します。

3.　院内学級における発達支援
［1］院内学級とは

　院内学級とは，病院所在地域の小中学校が病院内に設置した特別支援学級と

定義されていますが，一般には都道府県立の特別支援学校の病院内の分教室も含めて考えられています（院内学級担当者の会，2004）。院内学級は，病院とは別棟の建物をもつこともありますが，多くは病院内の1～2室を教室として利用するという，小規模な教育の場です。

［2］院内学級教師たちから見た子どもたちの「気になる特徴」

　子どもへの発達支援はアセスメントに基づいて提供されますが，院内学級では，教師たちの目を通して受け止められた子どもたちの姿，特に発達的観点から見て「こういうところが気になる」という行動アセスメントに基づいた支援がなされることが通例です。では，教師たちは，子どもたちのどのような姿を「気になる」ととらえているのでしょうか。谷口（2004）は，インタビュー調査から，院内学級教師たちが次の7点を「気になる」ととらえていることを明らかにしています（『　』内は教師たちの語りからの抜粋）。

　①生活経験の不足：『やったことがないから，遊びを自分で考えられない』など，病気のために生活範囲・経験範囲が限られ，通常なら経験すべきことが抜けていること。

　②ソーシャルスキルの未熟さ：コミュニケーションの拙さと状況を理解する力が弱いこと。

　③情緒不安定：『病気になってごめんね』と萎縮している，あるいは感情の起伏が激しいこと。

　④自我の未発達：『受身的で人にやってもらうことに慣れている』『主体的に自分から活動することが絶対的に少ない』など，年齢に応じた自我の発達がみられないこと。

　⑤心の余裕のなさ：『自分のことで精一杯』『子どもたちに余裕がない』など，治療や環境の変化で時間的にも心理的にも余裕がないこと。

　⑥親との関係：『ベタベタ』『（子どもが）親に気を遣う』など通常とは異なる親子関係。

　⑦環境要因：『刺激が乏しい生活環境』，『車椅子や点滴などのハンディがある』，行動制約など子ども本人ではなく本人をめぐるその他の要件。

　入院児の心理的特徴として，過度の不安傾向・内罰的傾向・自信のなさ・情緒不安定・高い衝動性等のパーソナリティ特性が指摘されることが多くあります。けれども，院内学級の教師たちは，実際の教育活動を通して肌で感じた子どもの姿から「気になる」点として，支援のポイントをとらえていることがうかがわれます。さらに，こうした「気になる特徴」は，「入院中の今現在の適応」に関わるものと，「退院後地域の学校での適応」に関わるものに大別でき，どちらかというと長期的視野にたった発達上の問題にかかわる後者の方がより「気になる」ととらえられていることも注目に値します。医療者とは異な

る視点からの支援が，教育という立場から提供されていると考えられるでしょう。

［3］ 院内学級における教師たちの発達支援

院内学級においては，入院中でも学習の空白ができないようにすることを目標に掲げた知的発達支援が大きなウェイトを占めます。退院後のスムーズな学校生活復帰や，子どもたちが入院前に通っていた学校（＝前籍校）との継続性を維持するという意味からも，前籍校で使っていた教科書をなるべく使い，教材等も取り寄せるなど，ひとりひとりの子どもの事情に即して学習が進められています。

同時に，先の「気になる特徴」にも挙げられていたような「生活経験の不足」を補うべく，特別活動や自立活動の時間を活用して多様な活動が積極的に組み込まれています。その中で友達との仲間関係も経験できます。院内学級は，入院中という事情から狭くなりがちな，子どもたちの生活世界を開かれたものにし，社会性の発達を支援する場でもあるのです。

また，子どもたちが病をかかえているという特殊事情による支援も提供されています。病弱教育の目標のひとつに，「健康状態の回復・改善に必要な知識・技能の習得」があります。この目標に沿い，病院からの留意点を随時確認するなど，子どもたちが自分の病状を理解し，セルフコントロール力を育成することも院内学級で図られています。

けれども，厳しい治療や突然の環境変化に戸惑う子どもたちは，情緒的に不安定になりがちであり，活動意欲が減退してしまうこともあります。院内学級では，子どもたちが不安をかかえ，落ち込みがちであることへ配慮し，受容と共感をベースにした心の支援も行われ，ユーモアたっぷりの会話による明るい雰囲気づくりも心がけられています。

以上のような実践は，ひとりひとりの子どもの発達と適応への直接的支援ですが，適切な支援提供のために病院や地域の学校，家庭と緊密な情報交換を行うことそのものが，入院児を囲む各支援システム間の〝つながり〟をつくる間接的支援としても機能しています。一見すると「入院中でも子どもたちに勉強を教える」という狭い範囲の支援を行っているだけのように思われる教育実践ですが，院内学級という支援システムの介入によって，病気の子どもを囲む支援システム間の〝つながり〟が構築・調整されているのです。

4. 院内学級における発達支援の課題

院内学級における発達支援には，専門性向上や支援内容の検討など多くの課題があります。入院から退院までというかかわりの時間的制限が厳しい支援ですので，すばやく支援方針を決めて動くことが求められ，確かなアセスメントの視点を教師たちがもつことが必要となっています。また，今後必要な支援と

して，社会参加と自立に向けたキャリア発達支援が挙げられます（谷口，2015）。社会生活を送るうえで欠かせない他者からの理解を引き出すための病気開示力と援助要請力等，病をかかえる子どもたちならではの必要な力があります。病をかかえる子どもたちの生涯にわたるキャリア発達の基礎づくりをどのように支援していくのかは，院内学級の課題のひとつと言えるでしょう。

　先述の通り，現在，子どもたちがもといた学校へ戻って行くことが当たり前になってきています。前籍校との連携をどのように行うことが子どもたちにとってプラスなのか，学級担任のみならず，戻っていく学校のスクールカウンセラーや養護教諭との連携も含めた退院支援をしっかり行うことも，欠かせない支援です。

引用文献

Lavigne, J. V. & Faier-Routman J. （1992）. Psychological Adjustment to Pediatric Physical Disorders:A Meta-Analytic Review. *Journal of Pediatric Psychology*, **17**(2), 133-157.

院内学級担当者の会（2004）. 病弱教育Q&A PARTⅣ 院内学級編 ジアース教育新社

松浦俊弥（2017）. 病弱教育の対象となる子ども（教育支援資料から） 松浦俊弥（編著） チームで育む病気の子ども―新しい病弱教育の理論と実践 北樹出版

谷口明子（2004）. 入院児童の"気になる"特徴：病院内学級教師の立場から. 日本発達心理学会第15回大会発表論文集, 126.

谷口明子（2015）. 病弱児の社会的自立のために"つけたい力"とは―キャリア発達支援の観点からの探索的研究― 東洋大学文学部紀要教育学科篇, **68**, 111-120.

事項索引

A to Z

ADHD　　9, 30, 49, 53, 63, 67, 49, 163
ASD　　9, 49, 54, 63, 66 163
DSM　　39
DSM-5　　40, 79
DSM-Ⅲ　　40, 79
DSM-Ⅲ-R　　40
DSM-Ⅳ　　40
DSM-Ⅳ-TR　　40
DV　　109
FSIQ　　41
ICD-CM　　40
ICF　　193
K-ABC　　41, 42
LD　　49, 53
SLD　　9, 49, 63, 67
WISC-Ⅳ　　41, 43

あ行

アイデンティティ　　178
アスペルガー症候群　　49
アメリカ精神医学会　　39
いじめ　　133
　　──自殺　　5, 141
　　──防止対策推進法　　133
いのちの電話　　5
異文化間移動　　173
陰性症状　　91
インテーク面接　　97
インフォームド・コンセント　　38
うつ病　　86
援助チーム　　169
大河内清輝君いじめ自殺事件　　3

か行

絵画療法　　31
外国籍の子ども　　174
ガイダンス　　1, 95
外部スクールカウンセラー派遣事業　　3
カウンセラー　　14, 19
カウンセリング　　1, 13, 19
　　──スキル　　10
　　──マインド　　2, 10, 21
鹿川裕史君いじめ自殺事件　　3
学習言語　　177
学力言語能力　　177
家族教室　　168
家族療法　　28
学校心理士　　2, 6
　　──補　　6
家庭裁判所　　162
感情移入的理解　　15, 16, 19
感情の平板化　　91
気晴らし食い　　79
虐待回避型　　164
虐待家族　　111
虐待の世代連鎖　　110
キャリアコンサルタント　　103
教育センター　　98
教育相談　　1, 95, 96
教育相談所　　98
教育相談部会　　97, 98
共感　　10
共感的理解　　10
強迫症　　82
強迫性障害　　82
虞犯少年　　161
クライエント　　10, 13, 19

——中心療法　14, 21, 27
グローバリゼーション　173
傾聴　10
幻覚　90
限局性学習症　9, 49, 63, 67
言語障害　49, 52
現地校　173
高機能自閉症　49
更正保護施設　163
行動療法　27
公認心理師　103
国際学校　173
国際結婚家族　174
個別の教育支援計画　195
個別の指導計画　195
コラージュ療法　31
コンサルテーション　1, 169

さ行

自我意識障害　90
視覚障害　49, 50
思考障害　90
自己治癒力　14
支持療法　26
肢体不自由　49, 51
児童虐待　9, 107
——の防止等に関する法律　107
自動思考　28
児童自立支援施設　163
児童相談所　98
児童福祉法　99
自閉スペクトラム症　9, 49, 54, 63, 66 163
社会的なひきこもり　126
集団療法　29
守秘義務　9, 20
受容　10
受理面接　38, 97
情緒障害　49, 53
少年院　163
少年課　99
少年鑑別所　99

初回面談　20
触法少年　161
神経性大食症　79
神経性無食欲症　79
神経発達症群　9, 63
人権教育　140
心身障害児　47
身体的虐待　107
診断　37
心理アセスメント　37
心理教育　168
心理検査　38
心理セラピスト　2
心理的虐待　107
心理的接触　14
心理療法　2, 23, 26
心理療法的援助　81
スキーマ　28
スクールカウンセラー　1, 6, 8, 69, 93, 94, 98, 120, 121
スクールカウンセリング　1
スクールサイコロジスト　6
スクールソーシャルワーカー　8, 104
スプリット　112
生活療法　92
精神分析　27
精神療法　24
性的逸脱型　164
性的虐待　107
折衷的アプローチ　23
セラピスト　15
選択性緘黙　30, 31
双極Ⅰ型　86
双極Ⅱ型　86
双極性障害　86
躁状態　88
相談機関　98
相談室登校　123
ソーシャルスキルトレーニング　141, 166
素行障害　84, 163

た行

体験学習　150
対処行動　179, 184
第二言語　177
脱抑制対人交流障害　9
知的障害　49, 50
知的能力障害　64
注意欠如・多動症　9, 30, 63, 67, 49, 163
中途退学者　125
聴覚障害　49, 50
治療的援助　81
通級による指導　通級指導　199
適応指導学級　120
テスト・バッテリー　38
伝達言語能力　177
統合失調症スペクトラム障害　89
洞察療法　26
特別支援学校　197
　　──教諭　200
特別支援教育　47, 63, 193, 194
　　──コーディネーター　195, 196
特別新学級　199
ドメスティック・バイオレンス　109

な行

内部的照合枠　15
日本語指導　175
人間関係　145
認知件数　134
認知行動療法　28
ネグレクト　107

は行

箱庭療法　30

発達支援　10
発達障害　9
反抗挑戦性障害　163
犯罪少年　161
反応性愛着障害　9
被虐待体験　164
非行少年　161, 165
非行臨床　166
非指示的療法　14
病弱・身体虚弱　49, 52
ファシリテーター　150
不登校　119
フリースクール　124
分析心理学　27
防衛機制　111
暴力粗暴型　164
保健室登校　123
母語　177

ま・や・ら行

無条件の肯定的配慮　15, 16, 19
妄想　90
薬物療法　84
山形マット死事件　3
遊戯療法　29
ユニバーサルデザイン　201, 202
養護教諭　124
陽性症状　90
抑うつ障害　86
抑うつ状態　88
欲求階層モデル　147
ラポール　41
ラボラトリー方式　150
臨床心理士　2, 5, 103, 104

人名索引

A

Adams, P. 82

アメリカ精神医学会（APA） 39, 40, 47, 54, 82, 163

Archer, S. L. 178

浅井朋子 76

Asay, T. E. 23

Asperger, H. 54

B

Beck, A. 28

米国スクールカウンセラー協会（ASCA） 99-101

Brown, R. J. 178

C

中央教育審議会 193, 201

Cruise, T. 54, 76

Cummins, J. 177

D

Disney, W. 55, 76, 131

土居健郎 24

Dougherty, M. 169

Duncan, B. L. 23

E

Edison, T. A. 55

Einstein, A. 55

Ellis, A. 28

江間由紀夫 127

Erikson, E. H. 178

F

Faier-Routman, J. 205

Freud, S. 27

藤掛 明 165

藤岡淳子 164

藤島省太 127

G

外務省領事局政策課 173

Gangestad, S. W. 145

Goodman, M. E. 179

Grandin, T. 55

郡司英美 182

H

Haddon, M. 56

浜田寿美男 127

羽間京子 169

原田 謙 163

原岡一馬 153

長谷川博一 113

橋本和明 164, 165

波多野誼余夫 127

東山紘久 19

廣井亮一 166

広田照幸 162

Hoffman, D. 55

法務省入国管理局 174

星野 命 189

堀田あけみ 130

堀田仁美 145

Hubble, M. A. 23

I

揖斐哲臣　168
池田清恵　98
生島　浩　163, 165, 167, 168, 171
院内学級担当者の会　206
石橋由紀子　202
石田裕久　143, 153
石田勢津子　153
磯部　潮　76
伊藤亜矢子　137
一般財団法人日本心理研修センター　104

J

Josselson, R.　178
Jung, C. G.　27

K

海外子女教育振興財団　173
梶　裕二　170
Kalff, D. M.　30
Kanner, L.　54
加来洋一　165
加藤弘通　170
Kaufman, A. S.　42
Kaufman, N. L.　42
河合隼雄　13, 14, 30
河村茂雄　137, 139, 142
清永賢二　133
Knowles, M. S.　148
小林正幸　120-122
小石誠二　76
国立教育政策研究所　134
Kolb, D. A.　150, 151
小内　透　174, 175, 182
Korchin, S. J.　37
幸田敦子　47
厚生労働省　52
厚生労働省政策統括官　174
久保田璨子　123
鯨岡　峻　202
熊本エリザ　191, 192

倉本英彦　126
栗原真弓　190
黒柳徹子　74

L

Lambert, M. J.　23
Lavigne, J. V.　205
Lewin, K.　150

M

前田ケイ　166
Marcia, J. E.　178
正高信男　55, 76
Maslow, A. H.　147
松嶋秀明　166, 167, 170
McGregor, D.　148
Miller, S.　23
Milne, A. A.　61
箕浦康子　177, 184
文部科学省　48, 49, 52, 53, 63, 93, 104,
　　119, 125, 133, 143, 152, 189, 194, 196-
　　198, 200, 201
文部科学省初等中等教育局特別支援教育
　　課　49, 103
文部省　3, 93, 95, 96
森田洋司　133-135, 141
森田ゆり　140
向山洋一　135
無藤　隆　145

N

永田彰子　178
中井久夫　36
中村和彦　153
成田善弘　82, 84
野島一彦　29
North Carolina State University, The Center
　　of Universal Design　202
NPO 法人東京シューレ　124

O

小田将史　169
織田信長　76
尾木和英　121
岡本夏木　127
岡本祐子　178
小野寺理佳　186
小野昌彦　124
大井正己　87
大河内清輝　3, 4
大野精一　100
大迫秀樹　166
大竹由美子　126

P

Perner, J.　178
Piaget, J.　175
Pollock, D. C.　189, 190
Premack, D.　178

R

Rogers, C. R.　13-17, 21, 23, 27, 32, 148
Romano, E.　74, 75

S

Sacks, O.　55
斎藤　環　126
榊原洋一　74
佐藤千瀬　180
佐藤枝里　192
佐藤幹夫　163
澤田慶輔　3
Schein, E. H.　149
Schön, D. A.　153
世界保健機構（WHO）　40, 193
関口知子　175
鹿川裕史　3, 4
下田光造　87
品川由香　164
塩見邦雄　2, 6
Snyder, M.　145

T

総務省統計局　174
杉村和美　178
杉山登志郎　75, 76, 163, 164
鈴木康裕　104

T

田嶌誠一　26
高橋恵子　127
滝川一廣　23
田中康雄　203
谷口明子　206
龍島秀広　170
Tellenbach, T.　87
十一元三　163
特別支援教育の在り方に関する調査研究
　　協力者会議　195, 197
豊田　充　5
津村俊充　149, 153
塘　利枝子　178, 182-184

U

氏家靖浩　117, 124, 127
鵜飼奈津子　110

V

Van Reken, R. E.　189

W

和田慶治　119
Wallen, J. L.　17
渡辺三枝子　3, 4
Wechsler, D.　41
Woodruff, G.　178

Y

山本譲司　163
山中康裕　25
山脇由貴子　135-137
吉田俊和　153
讓　西賢　97

著者一覧（執筆順，＊は編者）

宮川充司（みやかわ・じゅうじ）＊
椙山女学園大学教育学部教授
1章・コラム3

千野美和子（せんの・みわこ）
京都光華女子大学健康科学部教授
2章

李　敏子（り・みんじゃ）
椙山女学園大学人間関係学部教授
3章・コラム1

願興寺礼子（がんこうじ・れいこ）
中部大学人文学部教授
4章

中西由里（なかにし・ゆり）＊
椙山女学園大学人間関係学部教授
5章・コラム2

神谷美里（かみや・みさと）
豊田市こども発達センター臨床心理士
6章

大井正己（おおい・まさみ）
奈良教育大学名誉教授
7章

大野木裕明（おおのぎ・ひろあき）＊
仁愛大学人間生活学部教授
福井大学名誉教授
8章

長谷川博一（はせがわ・ひろかず）
一般社団法人こころぎふ臨床心理センター
代表理事
9章

氏家靖浩（うじいえ・やすひろ）
仙台白百合女子大学人間学部教授
10章

前田由紀子（まえだ・ゆきこ）
臨床心理士・公立中学校スクールカウン
セラー
11章

津村俊充（つむら・としみつ）＊
南山大学名誉教授
一般社団法人日本体験学習研究所代表理
事
12章

松嶋秀明（まつしま・ひであき）
滋賀県立大学人間文化学部教授
13章

塘　利枝子（とも・りえこ）
同志社女子大学現代社会学部教授
14章

廣嶌　忍（ひろしま・しのぶ）
岐阜大学教育学部教授
15章

堀田あけみ（ほった・あけみ）
椙山女学園大学国際コミュニケーション
学部教授・作家
コラム4

采女隆一（うねめ・りゅういち）
小牧市立岩崎中学校教諭
コラム5

佐藤枝里（さとう・えり）
中部大学学生相談室長　准教授
コラム6

谷口明子（たにぐち・あきこ）
東洋大学文学部教授
コラム7

スクールカウンセリングと発達支援 ［改訂版］

2018 年 3 月 1 日　初版第 1 刷発行　　　定価はカヴァーに
2020 年 2 月 20 日　初版第 2 刷発行　　　表示してあります

編　者　　宮川　充司
　　　　　津村　俊充
　　　　　中西　由里
　　　　　大野木裕明
発行者　　中西　　良
発行所　　株式会社ナカニシヤ出版
〒 606-8161　京都市左京区一乗寺木ノ本町 15
Telephone 075-723-0111
Facsimile 075-723-0095
URL　http://www.nakanishiya.co.jp/
Email　iihon-ippai@nakanishiya.co.jp
郵便振替　01030-0-13128

装丁＝白沢　正／印刷・製本＝ファインワークス
Copyright © 2008, 2018 by J. Miyakawa, T. Tsumura, Y. Nakanishi, & H.Ohnogi
Printed in Japan.
ISBN978-4-7795-1178-3

◎本書のコピー，スキャン，デジタル化等の無断複製は著作権法上での例外を
除き禁じられています．本書を代行業者等の第三者に依頼してスキャンやデジ
タル化することは，たとえ個人や家庭内での利用であっても著作権法上認めら
れておりません．